臺灣歷史與文化 研究輯刊

十六編

第 8 冊

羅尚《戎庵詩存》研究（上）

孫吉志 著

花木蘭文化事業有限公司

國家圖書館出版品預行編目資料

羅尚《戎庵詩存》研究（上）／孫吉志 著 — 初版 — 新北市：
花木蘭文化事業有限公司，2019〔民108〕
目 4+152 面；19×26 公分
（臺灣歷史與文化研究輯刊十六編：第 8 冊）
ISBN 978-986-485-852-1（精裝）
1. 羅尚 2. 臺灣詩 3. 詩評
733.08   108011623

臺灣歷史與文化研究輯刊
十六編 第 八 冊   ISBN：978-986-485-852-1

羅尚《戎庵詩存》研究（上）

作　　者　孫吉志
總 編 輯　杜潔祥
副總編輯　楊嘉樂
編　　輯　許郁翎、王筑、張雅淋　美術編輯　陳逸婷
出　　版　花木蘭文化事業有限公司
發 行 人　高小娟
聯絡地址　235 新北市中和區中安街七二號十三樓
　　　　　電話：02-2923-1455／傳眞：02-2923-1452
網　　址　http://www.huamulan.tw 信箱 hml810518@gmail.com
印　　刷　普羅文化出版廣告事業
初　　版　2019 年 9 月
全書字數　327091 字
定　　價　十六編 10 冊（精裝）台幣 20,000 元　　　　版權所有・請勿翻印

羅尚《戎庵詩存》研究（上）

孫吉志　著

作者簡介

孫吉志，國立中山大學中文博士，研究以《莊子》、臺灣當代古典詩爲主。

提　要

　　虛名所以撼俗世，實學所以震眞知。羅尙的詩歌成就可以上追唐、宋，尤其在今日白話文時代，能有如此高的成就，更是難能可貴。李漁叔以爲先生得到他的眞傳，曾克耑稱美他「孤光耀我炎海南」，並說：「奇文偉抱久心許，妖腰亂領看手戮。」可見他在當代古典詩壇的崇高地位。

　　本文第二章先述羅尙的生平大要、藝文交遊、參與的詩社及評論活動，並整理詩歌編年，列出與詩歌相關的部分當代重要史事，編成「羅尙年譜」，收於附錄。

　　第三章「尋根以振葉」，說明羅尙的文學觀。他的文學觀大體承襲自〈詩大序〉、《文心雕龍》、《文選》、〈文賦〉，強調作詩應符合「興觀群怨」與諷諭美刺的傳統，發於眞誠實感，運用比興，以增加詩歌的藝術美感；特重清剛之氣，偏好雄健的風格，以此自許，並教導後學；又重視積學儲寶，博習求悟，而後氣以貫之，以爲文章大法盡在《左傳》、《國語》、《史記》、《漢書》、《文選》、《漢魏六朝百三名家集》；對於聲調也有卓越的見解，他從秦漢以來的詩中演繹，以爲七古聲調絕非律體，亦非需要拗救的聲調，著重每句末三字，最好能成爲仄平仄（｜－｜），仄仄仄（｜｜｜），平平平（－－－），平仄平（－｜－）。吳體則是運用古體聲調，有對偶之律，但不講黏對。

　　第四章「仁善的開展」，說明羅尙詩歌的思想內涵。先生詩作文繁理富，除了表達個人的堅貞志節，對蒼生、家國、萬物的廣闊關懷，讓詩作熠熠生輝；又因爲飽讀詩書，親歷征戰、動亂，對歷史人物、思想的評價也有不同的見解，尤其強調儒術中以子貢爲表徵的縱橫意涵。而這些看似分歧的觀點，事實上可說是由儒家的仁心性善觀念逐步開展，堅持個人志節、興觀群怨的傳統，而由生民、家國關懷串起，最終又統合在興觀群怨的文學思想中。從中可以瞭解先生的人格、精神，以及一生的志願所在。

　　第五章「記事作詩詩作史」，說明羅尙詩歌的分期及其中展現的時代精神。羅尙詩齡逾六十年，可略分爲四個時期，以見詩藝的演進，及詩中情意的變與不變：一、錦帆眞是去天涯，以在大陸的軍旅行次爲主線，敘述大時代的征戰、烽火下的民生，此期雖未純熟，但已可見對生民的仁愛、家國的關懷、故鄉的思念，情意高尙。二、唯有伽藍似洛陽，從渡台後（1949年）至1971年政府退出聯合國前，此期離開行伍，惕勵勤學，詩藝日益精進，題材走向多元，諷刺政府施政，敘述生民悲歡，紀錄風俗移易，都是常見的題材，極富時代性。三、不盡江南作賦哀，從1972年到1986年底，此期受到巷中體的影響，運用俗諺與新詞彙，部分詩作文字較爲鮮新，整體而言，傾向個人感懷，含蓄傳達整個時代的處境、抒發對社會民生的關懷，又因年紀逐漸老大，暮年鄉關之思愈發沈痛。四、桂樹能禁幾回伐，從1987年到2000年，此期贈答詩明顯增多，但除了應當的客套寒暄之語，內容仍多與家國時事、鄉心相關，可說整體的內容相當一致。

第六章「渾涵汪茫，千彙萬狀」，評述羅尚詩歌的文學特色。羅尚詩作將抱負、才情、學問陶鑄於一爐，不僅情意誠摯、思想深刻、極富時代精神，更具有極高的文學價值。古體最佳，氣勢磅礴，詩境開闊，七古尤高；七律則律切字穩，興諷沈鬱；七絕則時而音韻柔美婉轉，時而自然平淡，時而聲情激烈，時而開闊沈靜，時而矯健深峭，不一而足。整體來說，雅致脫俗，雄健深刻，無寒傖之氣，極富創造力。加以題材多元，風格多樣，結構嚴謹而不板滯，用典渾成，音韻諧美，佳句豐富，更堪細細品味。

　　第七章「結論」，將前文論述所得，概括為英雄氣、書卷氣，分別析論，並簡述當代詩家、學者對羅尚的評價，以為總結。

目次

第一章　緒　論

第一節　研究動機

　　選擇當代詩家羅尙先生的詩作來研究，既是巧合，也是志願。在大學時代已略讀過他的《戎庵選集》、《滄海明珠集》，爲他的詩藝深深折服，2002年拜訪了戎庵先生，得知他的詩作無人整理，他也認爲知音甚少，故抱定心意，欲將詩作藏諸名山，而筆者則以爲他的優美詩篇，正是文化傳承的表徵，一旦佚失無聞，將成爲古典詩壇的憾事，於是毛遂自薦，欲整理他的手稿，幾經相求，終於取得首肯。

　　整理詩作的過程中，更加堅定了研究的想法，原因如下：第一，羅尙詩作相當優異，尤其在今日白話文時代，光芒更是閃耀，詩中對社會民生的關懷、政府舉措的批評、個人志節的書寫，都非常深刻，極具時代精神；題材多元，風格多樣化，而法度森嚴，當代詩人對他的評價很高，以臺灣的古典詩來說，更是翹楚，無人研究，甚爲可惜。第二，當代學者對前人古典詩的研究可說是屢出新意，而對當代古典詩的研究仍屬少見，彷彿當代古典詩已全無生氣，比不上前人。但事實上，江山代有才人，能知通變，能出新意，當代古典詩家的成就不見得就比明、清名家差，有的都還更好，如：黃節以七律最勝，造意精深婉約；曾克耑的七古可與明代高啓匹敵，欲力追蘇、韓；[註1] 李漁叔詩屬同光體，而兼有唐韻，寫兵間危苦，有老杜遺風；本文欲

[註1] 曾克耑的七古長篇最佳，其《頌橘廬詩存》，卷十的〈登峨湄山絕頂放歌〉瑰奇雄偉，有風雲卷舒、海濤洶湧之觀，有李太白〈蜀道難〉之風；卷十七的〈九龍

探究的羅尚詩作亦不在話下，容後文討論。這些前輩的詩作更比多數現代詩歌優異，不當偏廢，理應補足這方面的研究。第三，現代詩研究已是汗牛充棟，甚至有博士論文問世，然而內涵深刻的古典詩卻一直沒有關於當代名家的博士論文研究，令身爲愛好者的筆者不平。故不揣鄙陋，研究《戎庵詩存》，冀望能開啓當代古典詩的研究新局。

第二節　文獻回顧

　　羅尚雖然在當代古典詩壇上名氣響亮，但相關的文獻資料卻少得可憐，不僅沒有任何相關的單篇論文，就連詩友唱和、書信的來往，他也很少保留，於是其中評價其詩的資料也因而消失；至於詩友自印的詩集，可能因爲沒有送圖書館典藏，因此圖書館中俱不可見，而他又早將大部分藏書分送予人，使這些資料也難以尋得；至於並世的前輩詩人詩文集中，也幾乎見不到對他的評價，可能因爲他的兀傲，不求前輩和詩，又非學院中人，所以評價極少，他曾有〈客至談詩記趣〉一詩談及類似情況，可以爲證。然而，一旦評價他的詩，必定是讚揚備至，無有例外。茲分爲三點簡要說明：

一、羅尚詩文

　　羅尚的作品集，除了民國六十五（1976）年印行的《戎庵選集》，七十（1981）年刊行的《滄海明珠集》，最重要的就是近日出版的《戎庵詩存》。《戎庵選集》是早期詩作的精選，曾在六十（1971）年以《龍定室詩》爲名，榮獲中山文藝創作獎；《滄海明珠集》則受到巷中體的影響，常以俗諺、新名詞入詩，在他的作品中風貌較爲特別，嘗試意味濃厚；《戎庵詩存》則是全集性質，由他自己編定從 1939 年到 2000 年的詩詞作品，共收入 3379 首，並由筆者編輯其六篇駢文，及八篇討論詩歌的文章、書信，校定而成，雖然他刪除了部分前二集中收入的作品，《戎庵詩存》仍可說是目前最完備的詩集，也是本研究最倚賴的第一手資料，在少數詩題、小序、自注中，曾記錄了他人的評價，雖然大都是就單篇評價，但由小見大，對整體詩歌風貌，也有一定意義。

篇有寄再疊北海篇均〉，氣韻直似韓愈〈八月十五夜贈張功曹〉，而前半情韻脫自蘇軾〈水調歌頭〉（明月幾時有）；卷十八的〈觀河篇答漁叔戎庵師弟五疊北海均〉、〈窮溟篇答戎庵六疊北海篇均〉，不論氣韻、意境、吐詞，多顯得雄邁渾厚。

另外，羅尚尚有自印的詩學專著《古典詩形式說》，說明各體詩的聲律、結構、作法，既有特別的見解，亦可與詩作參證，尤其七古聲調，較王士禎《古詩聲調譜》、趙執信《聲調譜》更為簡要，相當有參考價值。

二、當代詩人詩中的評論

前輩詩人詩文集中，僅有李漁叔〈戎庵夢機來視疾作二首（其二）〉、曾克耑〈觀河篇答漁叔戎庵師弟五疊北海篇均〉、〈窮溟篇答戎庵六疊北海篇均〉給予極高評價，其他則全然不可見。李氏認為羅尚得到他的真傳，曾氏推崇他的成就與李漁叔並駕齊驅，又說：「奇文偉抱久心許，妖腰亂領看手戮。」曾、李二人俱是現代古典詩大家，評論應屬可信。

至於同輩詩人，張夢機教授《西鄉詩稿》中的〈贈戎庵〉、〈芳園雅集〉，《藥樓詩稿續》（收入《藥樓文稿》）中的〈贈戎庵〉，對羅尚的人品、詩品，讚揚備至。

蘇文擢教授《邃加室詩文續稿》中的〈次韻寄答戎庵台北〉、〈寄懷戎庵台北〉、〈寄懷戎庵詞長台北〉、〈戎庵寄示元夜感懷四律有並東邃加開笑口之句走筆賦答〉，讚揚羅尚有如峨嵋月，「清輝靜處高」，詩作「如掣鯨魚舞」、「心貌古」、「滄海凌波弄明月」。〔註2〕

顏崑陽教授《顏崑陽古典詩集》中〈壬子客花蓮戎庵有詩見貽賦答三首（其三）〉稱譽羅尚「健筆誰堪與子侔」，〈戎庵早歲立功沙場解戎歸寓碧潭之濱雅作吟詠余屢叩茗座煩為推敲因以詩贈謝想不遺寸意〉在詩題中點出了他的作詩功力。

大陸詩人徐續來臺期間，曾作〈台北贈停雲詩社羅尚社長〉，後來發表在香港《嶺雅》第30期，其中云：「一代劍芒餘慷慨，幾人詞筆與綢繆。」

這些是目前僅能在並世詩人詩集中看到的評價了，雖然不多，但都能精確指出羅尚人品、詩歌的特色，相當有參考價值。其他唱和詩中沒有做出評價，故不列入。

三、短文評論

張夢機教授收在《藥樓文稿》中的〈詩阡拾穗〉一文，《楚騷吟刊》第

〔註2〕見蘇文擢：《邃加室詩文續稿》（香港：作者自印，1984年9月），頁75，頁75，頁111，頁130。

42 期（2000 年 9 月）中的〈跋戎庵選集〉一文，對羅尚及其詩作，各有四百餘字的簡介，收在《戎庵詩存》中的〈戎庵詩存序〉一文，有七百餘字，介紹、評價最爲詳盡。不僅點出他的各體詩淵源、成就，也著重說明他的人格，是相當重要的資料。

蘇文擢教授收在《邃加室遺稿》中的〈與戎庵先生論詩書〉一文，指出羅尚的七律、五律、七古的淵源與成就，並強調應重視他運化書卷之處。

陳文華教授〈不畏浮雲遮望眼——側記幾位臺灣古典詩人〉一文，收在《文訊》雜誌，188 期，對羅尚有五百餘字的簡介，特意強調他詩中的諷刺意味，及以俗諺或新名詞入詩時，絕無傖俗之氣。

黃坤堯教授〈當代臺灣詩壇簡介〉一文，收在《當代詩詞》，總號 22～23 期合刊，僅說羅尚「擅歌行，慷慨淋漓」，並錄〈雲中觀雲歌〉（即〈雲中看雲口號〉）。

黃永武〈一代曹劉定有人〉一文，寫在中央日報 2005 年 10 月 24 日副刊，引羅尚詩句「百年家國無窮事，一代曹劉定有人」來評論時事，並說他「乃古典詩壇巨擘」，「磊磊血腔」，稱譽甚高。

專文介紹、部分介紹的文章，僅此七篇，資料非常少，但由張、蘇二位教授的評論，已能約略判定羅尚詩歌的淵源、成就，助益匪淺。

綜觀上述，可見諸家評論都還停留在有如詩話的階段，不是從整體來做簡要評析，就是只就單篇評論，雖然指出了羅尚詩歌的特色是「奇文偉抱」、「慷慨」、「運化書卷」，但沒有深入分析詩中隱含的學習路徑、意涵、各色題材、時代精神、多元風貌、多樣風格等，顯得過於簡略。因此本研究將從這些角度深入探析，對羅尚詩做較爲整體、全面的研究。

第三節　研究步驟與預期成果

由於羅尚詩從未有人研究，乏人解析，因此在研究上必須先從最基本的詩集整理著手，並確認研究範圍。他的詩集雖前有《戎庵選集》、《滄海明珠集》，但收錄的詩作僅佔不到手定的四分之一，是 1949 年來臺後到 1981 年間的部分作品，其餘大都乏人整理，因此必須先行整理，耗時二年半，終於在 2005 年 8 月出版全集《戎庵詩存》。至於其他在報章上刊登的詩作，因他自認不合雅意，故均摒棄不收。

　　《戎庵詩存》收錄從 1939 年到 2000 年的詩歌，又經他手定，是目前最完整的作品集，也最具代表性，因此，本研究就以《戎庵詩存》為主。但是必須特別說明，是以詩存中的詩為研究範圍，其中的少部分詞作、駢文，暫不評述。至於《戎庵詩存》附錄中說明文學觀的文章也有相當精闢的見解，將參酌引用；《古典詩形式說》中關於聲調、作法的論述，也是本研究相當重要的憑據。

　　在基本工作完成之後，便進行本論文的研究。研究步驟、取徑，及各章主要內容，說明如下：

一、故實的註解

　　古典詩中時見用典，除了能在最少的文字中表現最豐富的意義外，也有含蓄表達情意的作用，讀者若不瞭解詩中故實的意涵，對整首詩的理解便將受限，甚至誤解。

　　與前人相較，羅尚詩雖然不用僻典，但由於筆者孤陋寡聞，一般學者對故實也多不熟稔，相形之下，故實的註解就相當重要。如〈秋夜偶成〉云：「紫蓋東南事太遲，復生毛遂欲何為。本來世事殊難料，可料黃金有盡時。」〔註3〕若不知「紫蓋東南」的典故，就不能明白這是表達國家衰敗的痛苦；若不知燕昭王築黃金臺的典故，就不能瞭解其中隱含的怨意，更可能誤解「黃金有盡」的意義。因此，對典故的註解就成為詩作解析的必要工作。

二、深入解析詩歌意蘊

　　註解了故實，並不能使詩意完整呈現，必當深入解析，才能使脈絡前後貫串，突出主要意蘊，並使技巧、藝術性明朗，而見詩歌的優美、深刻。如〈紅梅〉云：「小謫人間貌獨妍，前身應是蕊珠仙。碧桃紅杏何能比，絳雪功深五百年。」〔註4〕必先點出「小謫獨妍」、「何能比」的苦心孤詣，再強調「絳雪功深五百年」的堅貞勤苦，才能突顯詩風的深沈峭拔，興寄蕭遠，兼有龔定庵孤峭、李義山的深沈婉麗。因此，深入解析詩歌意蘊必不可少。

〔註3〕見《戎庵詩存》次廿二，頁 689。
〔註4〕見《戎庵詩存》次二，頁 48。

三、平生大要及詩歌編年

羅尚詩作極富時代精神，若要深入研究，必得知人論世，因此本文第二章先說明羅尚的生平，而編定詩歌繫年與一些與詩作內容有關的國內外大事，列入附錄年譜中，以見其詩歌的社會性。

年表的編定，得他協助，較無問題。詩歌編年上，幸好詩作本以編年形式收入，尤其次八以後，逐年編纂卷次，雖有少部分重複、錯置於不同年代，尚易於判別，省下不少力氣，僅須確定初一到次七的詩歌編年。但因以農曆編次，因此會出現國曆已進入新的年度，而農曆尚在舊年，爲求維持風貌，故仍依羅尚所定的編年卷次。至於初一到次七的編年，時間橫跨四十餘年，在年度變換時的詩，不論從詩題、詩意上，有部分已難以確定確實的歸屬年度，他亦不復記憶，僅能從已確定年代的詩中去判斷，是個遺憾。

四、述評文學觀

第三章討論羅尚的文學觀，以見其學詩歷程、創作旨趣。論述學詩歷程時，對他所學習的詩人作品、風格也一併簡要敘述，而知羅尚所受的影響。

羅尚的文學觀大體承襲自〈詩大序〉、《文心雕龍》、《文選》、〈文賦〉，雖然少有獨特的見解，但純正、不駁雜；強調作詩應符合「興觀群怨」與諷諭美刺的傳統，發於眞誠實感，運用比興，以增加詩歌的藝術美感；特重清剛之氣，偏好雄健的風格，以此自許，並教導後學；又重視積學儲寶，博習求悟，尤其是《左傳》、《國語》、《史記》、《漢書》、《文選》、《漢魏六朝百三名家集》，以爲文章大法盡在其中；對於聲調也相當講求，尤其是吳體，有卓越的見解。雖然羅尚的文學觀與傳統並無甚差異，但他卻深有自覺，並切實地付諸實踐，故應當深入探析他的文學觀，以作爲探析他實踐成果的基石。

五、評析詩歌的思想內涵

第四章先行討論羅尚詩作的思想內涵，而不討論其詩歌分期，如此次序的安排，可見他對蒼生、家國的關懷，實際上是從個人的志節、對父母及家鄉的思念，一路綻放開展出來的，充分體現了儒家的仁心性善觀念。可以說，他對家國、蒼生的關懷，是仁心善性自然的擴充開展，而無絲毫的刻意造作。若先討論其詩歌分期、詩中的時代精神，便難以呈顯這一意涵。

羅尚詩作文繁理富，表達個人的志節，對蒼生、家國、萬物的廣闊關懷，

使詩作熠熠生輝，令人折服；又飽讀詩書，親歷征戰、動亂，故對於歷史人物、思想的評價也有不同的見解，尤其是儒術的意涵。這些都是相當重要的切入點，可以瞭解他的人格、精神，以及一生的志願所在。

六、區分詩歌時期

　　經過第四章的討論，可看出羅尚詩作對家國、蒼生的關懷是出於自然。第五章便可順勢而下討論其詩歌的分期與詩中所呈顯的時代精神、風貌。羅尚詩齡逾六十年，從早期的不純熟，到專一為詩後的精鍊，可見詩風的轉變，加以所處的時代變動劇烈，影響更大。因此有必要對他的詩作做出簡要分期，以見他的詩藝演進，以及詩中情意的變與不變。這方面將在本文的第五章說明，每一節代表一個時期，第一節「錦帆真是去天涯」，以他在大陸的軍旅行次為主線，敘述大時代的征戰、烽火下的民生，兼及個人的感懷，此期雖然尚不純熟，但已可見對生民的仁愛、家國的關懷、故鄉的思念，情意高尚。第二節「唯有伽藍似洛陽」，述他從渡臺後（1949年）至1971年政府退出聯合國前的詩作。此期離開行伍，惕勵勤學，得李漁叔傾心傳授，詩藝日益精進，題材走向多元，諷刺政府施政，敘述生民悲歡，紀錄風俗移易，都是常見的題材，極富時代性，對家國淪喪、不得歸鄉的哀愁，較前期更為強烈。第三節「不盡江南作賦哀」，從1972年到1986年底，此期受到巷中體的影響，運用俗諺與新詞彙，部分詩作文字較為鮮新，整體而言，傾向個人感懷，對家國、社會民生的關懷則在其中含蓄抒發，多從整個時代的處境落筆，又因年紀逐漸老大，暮年鄉關之思愈發沈痛。第四節「桂樹能禁幾回伐」，從1987年到2000年，此期贈答詩明顯增多，但除了應當的客套寒暄之語，內容仍多與家國時事、鄉心相關，可說整體的內容相當一致。

七、評析文學特色

　　第六章評析羅尚詩作的文學特色。他的詩作將抱負、才情、學問陶鑄於一爐，不僅情意誠摯、思想深刻、極富時代精神，更具有極高的文學價值。古體最佳，氣勢磅礴，詩境開闊，七古尤高；七律則律切字穩，興諷沈鬱；七絕則時而音韻柔美婉轉，時而自然平淡，時而聲情激烈，時而開闊沈靜，時而矯健深峭，不一而足。整體來說，雅致脫俗，雄健深刻，無寒傖之氣，極富創造力。加以題材多元，風格多樣，結構嚴謹而不板滯，用典渾成，音

韻諧美，佳句豐富，更堪細細品味。

八、預期成果

經過生平大要、「尋根以振葉——文學觀述論」的整理評述，將可得知羅尚對詩歌的主要觀點、詩作的主要面向，從「仁善的開展——詩歌的思想內涵」、「記事作詩詩作史——詩歌分期及時代精神」、「渾涵汪茫，千彙萬狀——文學特色述評」三章中的詩作評述，將可見他的人格、文學觀、詩作內涵，是否相爲表裡，相互輝映，呈現一貫的精神。各章對詩作的評析，可見他的詩歌成就不容小覷，尤其書卷氣、英雄氣，最爲突出。最後並簡述當代詩人、學者對他的評價，以爲參證。

筆者學力淺薄，對於羅尚詩作思想內涵、詩史的論述，無法展現更宏闊的氣象，更無力將他的詩作與前賢做更深切的對比，以得出更清楚的成就定位，是一大遺憾，只能就教於大方之家。企盼將來學力精進，再深入研究，彌補這一缺憾。

第二章　羅尚平生大要

　　欲探究詩人作品，尤其是傾向社會詩派、詩史的詩，必先知其生平大要、時勢移易，然後其詩中的思想情感、心志之所向方能更加顯豁，正所謂「知人論世」。故本文先述羅尚的平生大要，此章分平生經歷，藝文交遊，藝文活動等三節，多采集羅尚口述、筆記而成。之所以著重描繪他的藝文交遊、活動，是因為本文以詩歌研究及其相關活動為主，且羅尚個人亦較重視藝文交遊，若旁及其他交遊考，則顯得枝蕪繁雜，故不深述。

第一節　平生經歷

　　羅尚，四川宜賓縣人，宜賓在漢名僰道，在唐宋名戎州，宋代黃庭堅曾貶居於此。來臺後，號戎庵，以示不忘鄉里。民國五十年左右又取號龍定室主人，其名自佛經中得來。龍定，又名那伽定，取意於如龍靜潛深淵，能現大變化而不失定力。民國七十九（1990）年，香港蘇文擢教授賦詩「吾友滄海翁」寄贈，故又別號滄海翁。民國十二（1923）年農曆十一月二十九日出生於宜賓縣高場鄉梁山村農家，其時已為國曆民國十三（1924）年一月五日，但因當時四川鄉下仍以農曆計算年月，故身份證上仍記為民國十二年十一月二十九日，肖豬。家鄉松樹漫山遍野，故生平甚愛松樹。

　　幼年在家牧牛，六歲入私塾，數年中讀《三字經》、《百家姓》、《四書》、《詩經》、《幼學故事瓊林》、《聲律啟蒙》（俗稱《對子書》）、酬世大全摘要（借錢字、佃田字、買賣用地契約等）。其間更換三個私塾，更換頻繁乃因私塾是臨時設置的，短則一年，長則二、三年，一旦私塾停授，就得更換。

當地私塾二月開始上課，十二月結束，中有一個月的暑假，每至端陽，學生會送禮，老師也會回禮。私塾上課，上午講解少許，下午默書，默書完畢，即行回家。他回憶說，第三位私塾先生教書甚佳，由此而進讀《幼學故事瓊林》諸書。

此時正值四川軍閥混戰中，有劉存厚、鄧錫侯、孫震、楊森、劉文輝諸軍閥，自民國肇始，至二十三（1934）年，四川內戰已四百八十餘次，蔣介石入川後才收編，結束內戰。

十二歲插班公立初級小學四年級，年底畢業。當時四川學制，新學期開始於農曆過年後，初級小學四年，高級小學兩年。十三歲，入高級小學，去離家七十里之中心小學就讀。因思鄉而作第一首七絕：「負笈離鄉已月餘，白雲親舍兩依依。丹山碧水仍然在，杜宇聲聲喚我歸。」第二年，因羅氏家族經營食用油品生意，休學一年，在家幫忙。民國二十六（1937）年，十五歲，復學，年底畢業。畢業前已發生七七事變，當時鄉下地方聽聞此事，群情激憤，從軍者多。

農曆年後，元宵左右，成都招考學兵裝甲兵，即赴投考，時年十六歲。經錄取，至湘潭七里鋪、雲湖橋等處受訓，爲青年軍學兵，同陸軍一等兵階。學開汽車、坦克車。軍中規定，汽車速成駕駛手，須經過十八小時的時間。旋即赴前線參加戰爭，隸黃埔一期杜聿明機械化 200 師，該師後來擴編爲第11 軍，改番號爲第 5 軍，爲抗戰初期唯一的機械化軍隊。

民國二十七（1938）年參與救援蘭封之役，蘭封在河南開封北方，但僅行至漢口，因廣州受日軍襲擊，即刻回援，行至湖南郴州，而廣州已陷於敵軍之手。民國二十七（1938）年秋至二十八（1939）年春參與湘北三次大會戰、長沙三次大捷。〔註1〕民國二十七（1938）年十二月隨軍駐廣西全州，二十八（1939）年十一月參與桂南崑崙關會戰，此會戰至十二月底大勝結束。民國二十九（1940）年春參與衡陽會戰，此亦非一般所指稱的衡陽會戰。〔註2〕民國三十（1941）年底往西南移動至邊界。裝甲兵道途奔走，全靠鐵路運輸。

民國三十一（1941）年三月參與遠征緬甸，遠征軍司令長官爲羅卓英，蔣中正並任命美國史迪威將軍爲中國戰區參謀長，指揮中國緬甸遠征軍。起

〔註1〕一般指稱的三次長沙大捷，其時間爲：第一次在民國二十八年九月至十月，第二次在民國三十年九月至十月，第三次在民國三十年十二月至三十一年一月。
〔註2〕一般指稱的衡陽會戰，在民國三十三年八月。

初進軍順利，200 師長戴安瀾率所部在同古（也稱東瓜）保衛戰中表現亮眼，重創進擊的日軍，四月，孫立人將軍率所部 113 團解救被圍的仁安羌英軍，贏得英軍一致讚揚。

四月，隨軍在曼德里（瓦城）。五月之後情勢急轉直下。肇因英軍無心保衛緬甸，逕自放棄、撤出緬甸戰局，只全力保衛印度，並虛設、串連廣播、通訊，詐稱印度有英軍重兵集結，使日軍不敢輕易進攻印度，而全力攻擊緬甸，佔領棠吉、臘戌，阻斷遠征軍歸路，並迂迴入雲南。因此孫立人將軍率所部隨史迪威、羅卓英撤入印度，為中國駐印軍，由英國補給、美國訓練，於民國三十四年一月與衛立煌合力打通被日軍封鎖三年的滇緬公路。另杜聿明率所屬部隊翻山越嶺回國，羅尚亦在其中，先至緬北克薩，入印一日，路絕而反，復北進經孟拱至孟緩，再橫越野人山至山頂麥同，進入孫布拉蚌，前後歷三個月才回到雲南，而軍械輜重因不利山行，又緬北日軍追擊甚速，遂皆破壞、焚燬、棄置道旁，損失慘重。且各部隊經過之處，多是崇山峻嶺、山巒重疊的野人山及高黎貢山，沿途人煙稀少，給養困難，加以森林蔽天，蚊蚋成群，各種疾病、傳染病隨之而來，官兵死亡相繼，屍骨遍野，慘絕人寰，杜聿明亦感染重病，幾乎殞命，第 200 師師長戴安瀾更因重傷，殉國於薩爾溫江畔，得年三十八歲。最後美軍發現，空投補給，部隊才得脫離險境。估計約有五萬軍隊葬身緬北山區、河谷，而遠征作戰傷亡的僅有一萬餘人。

八月，回到雲南，經上帕設置局、牛街、趙家坪、甸尾、下關、昆明，隨軍駐在嵩明（隸昆明市）。

民國三十五（1946）年一月五日離開雲南，向北同中共作戰於河南。是年，國共重慶協商破裂，內戰益趨激烈。民國三十六（1947）年冬，撤回鄭州。民國三十七（1948）年十月，撤出鄭州，至南京，見一夜之間濟南易手，當時財政部長王雲五又宣布菸酒加稅，導致金圓券貶值，羅尚遂深覺國事已難收拾，而有〈下關〉之作。是年冬，至漢口、長沙、湘潭、郴州、衡陽，招考學兵。民國三十八（1949）年春，至廣州，在此晉升為少校。是年一月，徐蚌會戰，平津戰役皆慘敗，國事已如秋風落葉。秋初，自廣州黃埔港乘萬里號登陸艇登臺，自稱逃難，不是高高在上的統治者。

到臺後，曾短暫駐留彰化和美、台中清水、花蓮吉安，亦曾派駐舟山島。民國三十九（1950）年四月，奉調至台北裝甲兵司令部任第二參謀，管理兵要地誌、情報。裝甲兵司令部在台北市愛國東路十五號。當時採用美制，第

一參謀掌人事，第二參謀掌兵要地誌、鐵公路、交通、情報、氣象等，頗爲混雜，第三參謀掌作戰，第四參謀掌補給。羅尚負責情報多年，對軍事活動、佈屬的意義，頗有獨到心得，曾言共軍在沿海佈屬五百顆飛彈，〔註3〕其實主要用意不在對準臺灣，而是對準美國第七艦隊，以嚇阻第七艦隊、日本協防臺灣。

民國四十（1951）年春，報名中國文史函授學校，當時教務長李漁叔約去任職，這是初見漁叔教授。後來即以學生兼辦事員，收發函件，寫鋼板，油印講義等，因得與當時老師張默君、林尹、熊公哲、但衡今、張相，諸位先生接近、親善。文史函授學校辦了三期，約一年半時間，因學生人數不足而停辦，諸位先生其間也僅識得羅尚一人，故師生情誼深厚，他的詩亦爲學生中最優者。後來諸位先生各自進入臺灣師大、政大任教，他亦因此與師大國文研究所有深厚關係，至今仍任師大停雲詩社副社長。〔註4〕

當時軍政機關遷臺流離，制度、法令規章，一切皆須從頭做起。他亦深覺軍中並非安身立命之地，故百計以求離開軍職，但要離職、換身份證，須有戶籍，因此他入文史函授學校修習後，戶口便遷入李漁叔家，與他同住，在台北市臨沂街 45 巷 5 號。於是得以請准長假，後由陸軍總部發出離職公文，而以此公文前往台北市大安區公所換身份證。他常常提起授業師是李氏，且在函授學校修習之時，寄住其家，感念之情，溢於言表。

民國四十一（1952）年，函授學校解散，羅尚得考試委員張默君介紹，入考試院任職，一待十餘年，遷住木柵考試院宿舍，生活安定。此期間，先是被分派研究中共的人事考銓任免、保險退撫等制度，但因其時中共政權屬於草創，尚無制度規模可言，故旋即改派秘書事務，爲諸考試委員、秘書長捉刀，代寫壽詩、輓聯。

在考試院期間，亦爲前湖南省長趙恒惕、前陸軍大學教務長龔浩、中廣董事長梁寒操、考試委員張默君等，捉刀作應酬文件。羅尚爲梁寒操代筆作序、冠頂聯，皆頗得梁氏信賴，不加點閱。張默君晚年寫字作詩，亦皆請他過府視草視墨。

民國四十六（1957）年元旦，他向國立歷史博物館研究員學畫蘭、竹，

〔註3〕民國九十二年十一月三十日，陳水扁總統公布中共沿海對臺佈屬飛彈已累至496顆。
〔註4〕停雲詩社主要爲師大教授組成，目前活動已少，大約是陳新雄教授在國內時方有活動。

六月，以一幅墨竹參加教育部第四屆全國美展，得入選展出。後來該研究員出國，故轉向鄭曼青學畫竹，每星期天帶四、五張畫前往，由鄭曼青修改筆法、墨法、結構、形、理。理來自蘇東坡、文同、黃山谷，是文人字畫一脈。鄭曼青認爲將缺點一一挑出後，也就無甚問題了。民國五十五（1966）年，習藝有成，開了個人蘭竹畫展。

民國五十六（1967）年，自覺無大學文憑，亦無高考及格，升等無望，而辭考試院職，至交通部投資的中國海外航業公司擔任秘書。此公司負有任務，須聯絡船員，以免落入中共之手。後來子公司中國商船公司成立，他仍兼任秘書。常常得至交通部、境管處洽公、申請核發出入境簽證，亦須負責應付諸多送禮、婚喪、喜壽、應酬，甚至公家需索，事務繁雜，唯待遇優厚而已。

民國五十八（1969）年聖誕節，與王房惠女士結婚。夫人畢業於東吳法律系，在校表現優異，畢業後即進入調查局服務迄今，天性和善聰慧，曾獲第四屆十大傑出女青年（民國五十八年，西元 1969 年）。五十九（1970）年，卜居新店中華路。六十四（1975）年，生女振玉。

民國六十一（1972）年十月，駐馬尼拉大使館需要一位長於古典文學的人才，因爲馬尼拉有三個古典詩社，全菲有橋校大學一所，中小學校一百三十所，而且菲華大多是閩南人。因此爲了因應退出聯合國後的局勢，預備往後長遠之計，拉攏菲國華僑，就成了第一要務。於是外交部人事處發公文，聘羅尚爲中華民國駐菲律賓共和國全權大使秘書。羅尚在民國四十幾年時已頗富詩名，亦曾在民國六十（1971）年以古典詩《龍定室詩》（即《戎庵選集》）獲中山文藝創作獎。台菲比鄰，馬尼拉詩友對他自是熟悉，十分友善。加上他主辦一百三十餘僑校行政，舉凡臺灣教育部、僑委會、海工會、兩邊公文往來、事物接洽，皆由大使館函轉知照，既熟習教育界，亦盡知僑社諸多事物。次年冬，任務完成，即行回國。

民國六十三（1974）年，因秦孝儀的介紹，入國民黨台北市黨部任幹事，負責人事獎懲，但沒有改變他對國民黨的不滿、印象，筆者問及何以詩中多有批評當時黨國之詞，他說：「我是四川人。國民黨對四川印象不好，一直認爲四川的子弟是軍閥的子弟，也不想想八年抗戰四川出了三百萬壯丁啊，出了多少錢啊，出了多少糧麩、出了多少米啊！四川出錢出力，四川人送多

少命啊！」〔註5〕又說：「老蔣是專制統治，小蔣留學俄國，學其共產黨統治，但小蔣對臺灣建設也有一定的貢獻。」他對時代的關懷，屢見於其詩中。

民國六十五（1976）年，《戎庵選集》由正中書局出版印行。七十（1981）年，第二本詩集《滄海明珠集》由華正書局刊行。此後二十年間，詩作不輕易示人，嘗言「不是知音莫與彈」、「不是知音不可傳」，〔註6〕頗有藏諸名山之意。六十七（1978）年，卜居新店華中街。

民國七十四（1985）年，總統府起草褒揚令的官員屆齡退休，當時他尙任國民黨台北市黨部幹事，而馬鶴凌任市黨部副主委，其子馬英九任總統府第一局副局長，推介他去接任，因此第一局局長劉垕以公文呈報，於是總統府聘任他爲參議，專司起草總統褒揚令文。在總統府參議任上，起草褒揚過的人，有中研院院士傅京孫，監察委員王爵榮，國大代表鄭通和，國大代表除役陸軍中將魯道源，國策顧問除役陸軍二級上將孫震，以及吳經熊、林柏壽、嚴孝章、周至柔、連震東等人。另外，台北市議會議長張祥傳過世，總統府本欲褒揚，他也已起草好令文，但因張氏在嚴格審核中沒有通過，最後取消褒揚。〔註7〕

民國七十七（1988）年，屆齡退休，賦閒在家，看書作詩，但原先健朗的身體在這一年有了變化。五月二十一日，欲南下高雄中山大學評審，未料在台北火車站第二月台樓梯跌倒，緊急送入馬偕醫院治療。塞翁失馬，焉之非福，入院前曾在公保大樓治療骨刺三個星期，未見成效，及五月二十三日黃俊雄醫師巡房觸診，方才發現並非骨刺，而是初期攝護腺癌，並泌尿科林醫師、腫瘤科賴醫師會診，六月十二日開第一刀，二十一日開第二刀，割除攝護腺癌，又用鈷六十化療，爲期一個月。八月二十日出院，入馬偕醫院經三個月，此後十年間都在服藥抗癌，每月門診服賀爾蒙，初用 1.25 劑量，五年之後，改用 0.625 劑量，每三個月檢查血液一次，輪流部位，肝臟、心臟、

〔註5〕這是 2004 年 1 月 28 日訪談錄音紀錄。四川在民國二十三（1934）年以前由軍閥割據，蔣介石在這一年進入四川後，才加以收編，成爲國民政府直屬地，但國民政府對四川人民仍有歧視。

〔註6〕見《戎庵詩存》次廿一，〈和鹿港炳大東京夜話均並懷田中呂望銓〉，頁 662；次廿二，〈寧社雅集新光四十五樓魏淡如詩翁折簡相招遂成一首〉，頁 696。

〔註7〕民國七十五（1986）年總統府頒佈「褒揚條例」，網址：http://www.president.gov.tw/php-bin/ooplaw/show/showcontent.php。（可從總統府網站「行政規則查詢」中查詢。）「褒揚條例」第二條說明了褒揚條件。當時審核嚴格，與今日大異其趣。

骨髓等。經過十年，癌症完全脫體，但成為慢性疾病，每三個月須回診追蹤
檢查，改服綜合維他命。其間又經過右大腿換人工髖關節，所以行路用杖。
因跌倒而發現癌症，並治療得當，延年益壽，可謂因禍得福。羅尚對主治醫
師亦甚感念，作詩誌之。

　　住院其間讀聖經新約，院牧部蔡牧師亦時來探視，對經書有所瞭解之
後，於十二月四日在公館基督教長老教會受洗。

　　出院之後得家書，終與四川家中取得聯絡，然而知父母已逝，甚為悲痛。
至此，深覺已無探親理由，亦因身體不佳，須長期療養，回鄉也只是讓家人
多添麻煩，故從未回過大陸。只因家中務農，生活困苦，曾寄一百元美金回
家，但家中回信，言生活已足，不須多用錢，可留作養病。家中兄弟亦稍稍
能詩，曾有詩作捎來。

　　民國八十五（1996）年，有峇里島、新加坡、歐洲之旅。八十六（1997）
年，有澳洲行，探視留學澳洲的女兒振玉。八十八（1999）年，有日本之旅。
這是難得的出國旅行。

　　民國八十八（1999）年四月，卜居新店北新路二段，在台北捷運七張站
前的巷內國宅，鬧中取靜，每日晨起散步，生活悠閒。

　　民國九十（2001）年六月以後詩作，多刊於《乾坤詩刊》。指導網路古典
詩詞雅集，不稱師，僅稱詩友。

　　羅尚稱早年林尹曾對其私語：「你的才比漁叔大，問題要多讀書，多省悟，
經、史、子、集，四部都讀，要買書讀，藏書備查。」所以他藏書不少，十
三經、二十五史、二十二子等書，有七百多冊。讀過四史，尤熟習《史記》。
又讀過《宋史紀事本末》、《通鑑紀事本末》，其他如謝无量《中國大文學史》、
劉大杰《中國文學發展史》、〔註8〕大陸編輯的《中國歷代文論精選》，自孔子、
孟子至商務印書館陳石遺〈近代詩鈔序〉，明張溥所輯之《漢魏六朝百三名家
集》，自賈誼、東方朔、庾子山至隋煬帝，也都熟習。另藏唐宋詩，有太白集、
杜集、韓集、杜牧集、溫飛卿集、義山集，宋則蘇集，金則元好問集，清則
劉申叔集，定庵集等。雖然所藏明清人詩文集不多，也未向圖書館借閱其他

〔註8〕　楊家駱說謝无量《中國大文學史》：「嚴格説來，只是一部有系統的文談詩話
　　　　文選詩鈔，缺乏各類文體發展的闡釋。」見楊家駱主編：《民國以來出版新書
　　　　總目提要》上冊，台北：中國學典館復館籌備處，1972年，頁256。但此書
　　　　材料豐富，可資學問通貫。劉大杰《中國文學發展史》則是近五十年來影響
　　　　較大的著作，各大學多作為教材。

圖書，但已見他的勤學、涉獵之博。

民國九十二（2003）年，家中藏書幾乎全贈與網路古典詩詞雅集諸詩友，此恐受宗教博愛廣施的影響，亦因年事已大，藏書整理不易，故贈與後學，期有用於世人。藏書僅留下文論諸書、諸家詩文集。

近十年間，他又讀閩南佛學院所編之《肇論講義》，共五篇，都能背誦，因此兼知《老子》。也熟習謝无量《佛學大綱》，蔣維喬《光華大學佛學概論》，對於佛學空宗有宗，有明確的觀念。晚年多少受佛學空宗影響，思鄉之情漸漸淡薄，而以臺灣為家鄉，沒有省籍情結。他亦甚關懷時事，每談及，亦多能覺其公正客觀。

羅尚自云：「在家養病，不問世事。回思八十年來，仗詩友栽培，文學學術界容納，詩名滿海內外。捫心自問，知足、惜福、感謝而已。書要繼續讀，詩要繼續做，盡可能指導栽培後進青年詩人，如網路古典詩詞雅集，已見成效。五十年前，香港新亞書院教授曾克耑，曾於信函語余：『詩之承傳光大，必有其人。』今日余亦以此言勉勵後進。」

第二節　藝文交遊

羅尚重視藝文交遊，而其藝文交遊可以說是從入臺之後開始，在大陸時，因投身軍旅，轉戰各地，沒有特別的藝文活動，連在大陸寫得的一卷詩，也由四百多首刪到僅剩四十多首。入臺後，因參與臺灣詩壇活動，也與當時文史函授學校諸先生關係密切，因此與藝文、古典詩學界的交遊甚廣，與師大國文系所的互動尤深。後又與香港、大陸著名教授、詩人唱和，評價尤高。本文僅提出較著者，可藉由交遊的對象略知他的詩壇地位與詩歌成就。

民國四十一（1952）年壬辰之夏，香港新亞書院教授曾克耑，以〈藍毿吟三十韻〉覃韻七古寄臺索和，彼時正是競相作詩之時，於是張默君、彭醇士、李漁叔各和一篇，羅尚也作和詩〈岱員篇和頌橘廬並次韻〉，其中並未提及與李漁叔的關係。四十二（1953）年，曾克耑以〈觀河篇答漁叔戎庵師弟〉寄予李漁叔，而由李漁叔告知他，前段有云：「忽驚雙劍纏雷下，森森鈰鍔青冥嵌。異采紛繪亂我眼，籀諷竟夕聲喃喃。」後段有云：「默君玉尺量瑰傑（張默君），含老詩壓淮東南（陳含光），素庵九派納湖口（彭醇士），藥庵（周棄子）蝶夢（陳定山）霏泳蠶。」此詩推崇羅尚之詩與李漁叔之作並駕齊驅，如雙劍纏雷而下，異采紛呈，氣勢雄壯震撼，高於其他詩人。他

喜出望外，立即再疊〈岷峨篇上頌橘廬〉寄去，曾克耑又和〈窮溟篇答戎庵〉，用鏡面宣紙寫五百餘字，上款為「戎庵吾兄詩家雅正」，落款紀年係甲午嘉平，即四十三（1954）年十二月。曾克耑是近代著名詩人，又是書中仙手，此舉實讚揚備至，羅尚亦言：「此詩對我，真是青眼相看，甚至講同鄉關係云：『我生揚馬固同里。』」蓋因曾克耑生於成都，羅尚則是四川人，故稱同里。又言：「其鼓勵之句，如：『戎庵嘉篇重示我，傳衣自道從湘潭（李漁叔），曹溪一滴足法乳，孤光耀我炎海南。』後段又云：『奇文偉抱久心許，妖腰亂領看手戡。』當然有嘉勉，也有提示，我看得出，中段有二句云：『蟠胸蓄蘊極千億，下筆飄忽才二三。』此則是叮嚀囑咐之詞。」〔註9〕讚揚、嘉勉、叮囑、提示倍至，故他對曾克耑感念無量。曾克耑的讚揚，亦使他在香港詩界名聲鵲起，民國四十三年以後來臺之詞流，如劉太希、賴愷元等人，逢人便問羅戎庵，而臺灣詩壇，並不知有此等大事。與曾克耑酬唱之詩，據羅尚所說，只有張默君、林尹、李漁叔諸先生知道，亦未在臺刊布過。1961年，曾克耑《頌橘廬叢稿》印行，其中有詩集《頌橘廬詩存》，將〈觀河篇答漁叔戎庵師弟〉、〈窮溟篇答戎庵〉二詩列入，在卷第十八中，二人酬唱的事才廣為人知。

民國五十（1961）年十一月，當時總統蔣中正急調駐美大使葉公超回國述職，因外蒙入聯合國之事，葉公超大使未持反對意見，亦未促我駐聯合國大使動用否決權，更無法讓美國轉變支持態度，又與美國同持臺灣獨立觀點，而遭罷黜下台，改任行政院政務委員。其實當時弱國外交本已困難，葉氏在外交部長任內，憑他的學養、關係維繫盟邦，簽訂對臺灣當時安全最重要的兩個條約，中日和約、中美共同防禦條約，功績已甚昭著。葉氏遭到罷黜後，意態蕭索，僅優游於書畫之中，常於星期六晚上約集，曾寫竹贈羅尚，兩人情誼深厚。他說，葉大使曾有一次開車載他去客運站搭公車，在路上對他說：「臺灣現在不獨立，以後會無法動彈。」〔註10〕這是說要臺灣與大陸完全切割，了無關係，互不相轄，但並非如今日所謂的台獨。沒想到葉大使的話竟一語成讖！葉大使逝世，嚴家淦任治喪委員會主委，羅尚為作公祭文，有「艱難謀國，大勛昭彰」、「想像風儀，淚下浪浪」之句，以洗雪總統褒揚令中言

〔註9〕曾克耑〈觀河篇答漁叔戎庵師弟五疊北海篇均〉、〈窮溟篇答戎庵六疊北海篇均〉二詩，見曾克耑：《頌橘廬叢稿》（香港：自印本，1961年10月），內篇卷34，詩存卷18，頁5～7。

〔註10〕此是訪談羅尚資料，羅尚常常提起。

「秉國策而遂成」的用意不當；民國八十（1991）年又作〈蓬萊舊事〉云：「遠謀震主還朝日，先見無明竆步時。」〔註11〕既讚揚葉氏先知卓識，功勳昭顯，也諷刺蔣介石胸襟狹隘、器識微小。

民國五十七（1968）年春，結識張夢機老師。當時張老師偕同張仁青老師造訪羅尚，見面之後，他就常帶羅尚參加學術活動，結下兩人深厚的師門情誼。

民國六十三（1974）年，發表〈填詞領托法〉於學粹雜誌，所謂領托法，即是修辭學。

民國六十七（1978）年，中國古典文學研究會成立。成立之時，政府主管部門（內政部）規定，學術團體要有一定比例的社會學人參加，因爲羅尚與學術界的關係匪淺，故亦爲發起人。

民國七十（1981）年，教育部、國民黨海工會聯合邀請香港教授團攜眷訪臺一週，下榻在台北芝麻大酒店。蘇文擢教授是香港著名教授，也隨團來臺，羅尚請他們夫婦在來來大飯店水晶宮吃自助餐，賓主盡歡。當晚羅尚作了一首七古贈他，次日他一見此詩，喜出望外，說回港奉和。果然回港之後，用大幅生綃寫和章七古見贈，崔道周亦和韻一篇，從此與香港諸詩家結唱和緣，計有崔道周、李國明、余少颿、潘小磐等人，皆由蘇教授專函介紹。一年之後，李國明來函云：「我公詩名震海外，騷壇盟主，已經議定。」議定之事，乃是香港諸文友茶會、聚會所定。香港瓊華茶樓週日必有文友集會，詩家、詞家、書家、畫家、篆刻家等有三十餘人，羅尚詩每寄去香港，蘇教授便拷貝分發茶會諸人，他曾來信云：「往往一人擊節，滿座俯首。」同時潘小磐另有一群詩友茶會，約二十餘人，羅尚寫詩與蘇教授，亦必寫與潘小磐，潘小磐亦影印分發詩友。香港諸詩友旋即辦《嶺雅》集刊，專登廣東人詩、詞、駢文、散文，後闢「嶺外之音」欄，以台北爲首選，羅尚爲代表。「嶺外之音」一欄，西至烏魯木齊、蘭州、西安，東北則哈爾濱、瀋陽、遼寧等地，都來稿發表。羅尚與蘇文擢教授酬唱，整整十七年，酬唱之詩，五七言、古今體，各體俱備，蘇教授亦每每於信函中評論他的詩作。所謂「逢其知音，千載其一者」，前有曾克耑，後有蘇文擢。後來蘇教授來信，有云：「讀書天下士，公不得辭。」羅尚立刻作五律一首寄去，力辭天下士之說。蘇教授又在〈見懷〉五律二首末云：「讀書當世士，吾意屬雲龍。」雲龍是指韓愈、孟

〔註11〕見《戎庵詩存》次十八，頁571。

郊，此乃盛讚羅尚的詩如同韓、孟有氣格，若雲騰龍翔。又來信云：「嘗語詩小組（按：香港鳴社之前身）云：『戎庵之詩，全是運化書卷。』」意謂羅尚讀書甚多，亦甚有心得，故詩作不僅雅順高古，富於情韻，且用典多能切合，此眞一言九鼎之論。蘇教授四次來臺，來必約他一同用膳，言笑甚歡，亦曾一同出遊。

民國七十三（1984）年，日本心聲詩社主宰服部承風來臺，在慶祝瀛社社長杜萬吉的餐席中，從口袋取出羅尚的詩，探問他的所在，而羅尚正坐其側，因此相識。七十五（1986）年五月，服部承風因心聲詩社廿年紀念，以「御招待」招邀羅尚去名古屋，但他當時在總統府參議任內，不克成行，僅能以詩致意。羅尚稱服部承風的詩有杜牧之風。服部承風亦爲中華詩學研究所研究委員。

民國七十九（1990）年，與孔凡章通信。第一年孔凡章來信云：「國內（按：大陸）詩壇，一言難盡。」意指相互結社、吹捧之風盛行，一如臺灣。第二年來信云：「纖兒撞壞家居，使足下多怨。」〔註12〕按：「纖兒」即指國民黨。意指羅尚詩中多怨，時對國民黨常露出批評之意。

同年，羅尚亦與李漁叔故鄉湘潭白石詩社取得聯繫。此因高雄左營有一湘潭人，湘潭白石詩社秘書長董源遠寄《白石詩刊月刊》一份予他，但此人不甚好詩，將原刊寄予簡錦松老師，簡老師見詩刊中大部分是工業、鋼鐵、環保之類，又寄予羅尚。羅尚爲李漁叔之故，正需與湘潭詩人聯絡，此時得詩刊，便作了一首律詩寄去湘潭，並說明與李漁叔的關係。回信很快便到，而知白石詩社社長田翠竹，爲李漁叔的從妹夫，欲尋其詩集。而原由台北學生書局印行的《花延年室詩集》，事過二十年，經聯絡書局，早已絕版，只好將李漁叔題贈的書冊寄去湘潭，扉頁中有「戎庵仁弟吟定」字跡，下款蓋章。湘潭人見師生關係是眞，十分興奮，李漁叔的外甥女婿張某老，即刻影印三百份贈送親友，白石詩社立聘羅尚爲顧問，十多年來仍常有聯繫。

大陸詩壇素有「南徐北孔」之稱，民國九十（2001）年「南徐」徐續來臺，他題詩相贈。徐續亦回贈〈台北贈停雲詩社羅尚社長〉，前四句云：「岷峨舊識孔迴舟，蜀士初逢東海頭。一代劍芒餘慷慨，幾人詞筆與綢繆。」盛讚其詩有慷慨劍氣，與孔凡章並立，蓋孔凡章詩集名《迴舟集》，幾無人能

〔註12〕《新校本晉書・陸納傳》列傳第四十七，言：「時會稽王道子以少年專政，委任群小，（陸）納望闕而歎曰：『好家居，纖兒欲撞壞之邪！』」見房玄齡等撰，楊家駱主編：《新校本晉書》（台北：鼎文，1995年6月），頁2027。

及。後因一、二句語意重複，首句改爲「此行汎汎若浮鷗」，刊在《嶺雅》第 30 期中。

據羅尚回憶，有一年，林尹生日，師大國研所約集其學生二十餘人，在館前街中國飯店十一樓吃西餐爲其慶生，也約他帶份均攤的錢參加，大家先到場，林尹夫婦後到，見他在座，甚爲高興，當即對大家說：「羅尚也是我的學生，我也教過他的課，你們要作詩去找他，要打麻將、當宋子文，來找我。」大家哄堂大笑。

後來師大魯實先教授過世，陳文華先生通知羅尚，請他作國文系所公祭文。後來林尹過世，在師大開治喪會，陳新雄也請他參加，開會之際，主持人宣布，國文研究所歷屆畢業同學公祭文亦交由他作。可見他與早期師大國文研究所關係之深。

羅尚認爲，讀書多少，絕對與詩文創作有關，若能運化書卷，名聲就能遠大，此即「積學以儲寶」（《文心雕龍·神思》）之意。美西洛杉磯有中國詩學會，出版一本詩選集，會長蕭一葦寄給他一冊，下款用北美中國詩學會，於是他亦對團體作詩一律爲報，後來永和詩友朱劍鳴突然來電話告訴先生：「蕭一葦有信來，說你寄他的七律，中間兩聯，可謂聖手。」那時他正在總統府參議室，約在博愛路國防部會客見面看信。此七律中間兩聯爲：「遙知海外愁時意，不盡江南去國哀。奔浪巨鯨追落日，倚雲蠻月照深杯。」奔浪巨鯨一句，意指當時蔣經國總統已大病中。倚雲蠻月一句，則指北美詩學會在國外異鄉。

後來福建建陽中醫醫院醫師謝惠民來信，說接到湘潭白石詩社詩友陳治法來信，信上說：「臺灣詩友羅尚，騰蛟起風，孟學士之詞宗，因此通候。」羅尚自言：「大陸發展詩詞，至今才不過十七年，發展出南徐北孔二人，奇巧，我與二人早有酬唱，由此二人之光環輻射所及，加之香港《嶺雅》集刊中「嶺外之音」流播所及，眞名滿九州了。《文心雕龍》引《管子·戒》之言：『無翼而飛者，聲也。』我眞領略斯言。」〔註13〕

第三節 藝文活動

羅尚乃著名詩人，參與的詩社、評審活動甚多。早年在詩社中，經由有

〔註13〕羅尚曾在筆者請求下寫了一篇簡要自傳，這是其中的一段話。

識者的讚揚推崇，名聲益顯，而在評審活動中，更見他評詩的眼光，與獎掖後進的努力，且要能服諸詩家之口，也必得有過人的眼光才行。近年參與網路古典詩詞雅集，純粹是指導晚輩，以其八十歲之高齡，兼行動稍有不便，仍不斷鼓勵、講授，更可見其栽培後進詩人的用心。本文僅舉羅尚所參與活動之要者，以見其與諸詩家的互動，亦稍稍見其成就。

羅尚初到臺灣，部隊駐防台中清水，防守梧棲港（今台中港）。在清水常讀台北民族晚報，遇鰲西吟社總幹事蔡琢章，蔡氏見他詩作不差，遂邀他入社。蔡琢章，字念璧，是中部著名詩人，鰲西吟社社員有台中黃爾竹，清水莊永昌、鍾傳宗、蔡子華，梧棲黃海泉，沙鹿楊其流，以及羅尚等。蔡氏在他將調任台北之際，對他說：「如果台北有事，就立刻到台中來，這裡不缺一個碗、一雙筷子。」此蓋當時臺灣情勢不穩，蔡氏意在保護他，他邇後作詩云：「記得當年囑咐語，處變至我寒竹筱。此情此境此高誼，悠悠天地長相思。」〔註14〕調任台北後，仍時與詩社諸人相唱和，民國六十七（1978）年，詩社尚請他回鹿港參與活動，並寄贈有鹿港標誌之白短衫，他也以詩誌之。

民國四十一（1952）年農曆正月初七，國曆一月二十日，在李漁叔住處，台北市臨沂街四十五巷五號小集，眾人倡議成立詩社，由錢逸塵任社長，張相任副社長。命名曰「春人社」。社名之起，有兩種說法，一為羅尚所說，初七為人日，故曰「春人社」；一為《春人詩選・春人詩社簡介》所言，因詩鐘題為「春到人間」，析為「春人」一唱，「到間」七唱，因以「春人」二字為詩社名。〔註15〕不到半年間，軍公教人士加入者五十餘人。

民國四十三（1954）年，《中華詩苑月刊》自《臺灣詩壇月刊》分出。《中華詩苑月刊》後來發行至海外諸僑社，每月命題徵詩，評定甲乙發佈，前十名加評語，詞宗表面例請詩界大老擔任，而捉刀評定之人，都是羅尚。詞宗計有梁寒操、張默君、馬紹文、張相、成惕軒等，每一年中，他也擔任詞宗一次。

民國四十八（1959）年，梁寒操結明夷詩社，邀社壇勝流人物參加，計有劉太希、陳南士、張惠康、蘇笑鷗、王家鴻、胡慶育、馬紹文、吳萬谷、江兆申等人，羅尚亦在其中。梁寒操自任社長，此社維持十一年，超過百二

〔註14〕見《戎庵詩存》次十，〈寒竹詞〉，頁427，一九八三年作。
〔註15〕見《春人詩選》第一輯（台北：春人詩社，1981年7月），頁7。

十集，輪流作東，但梁寒操因任中廣董事長，生活較優渥，因此多由他請客。阮毅成、張夢機老師、丁治磐，則是後來才加入。

民國五十九（1970）年羅尚指導臺灣省立台北師範專科學校（今國立台北師範學院）青鳥詩社。先是張夢機老師在台北和平東路三段台北師專青鳥詩社任指導老師，一學期屆滿，請他繼續指導諸同學作七言古詩，青鳥詩社共二十五人，有六人能做七古，其中三人特出，由他推介至大華晚報古典詩欄發表。後來中國文化大學詩學研究所成立台北大專青年詩社，請張老師任社長，張老師又請王熙元、張師仁青任副社長，顏崑陽老師任執行秘書，先生任輔導員，實際參與社務活動。成立之初，即在文化大學城中分部召開北部大專青年聯吟會，羅尚任詞宗。次年（六十年）在文化大學華岡校本部再開北部大專詩人聯吟會，張夢機老師命題碧潭春泛，他任左詞宗，第一名未取青鳥詩社學生，但社員二十五人，全部入選。

民國六十四（1975）年，張夢機老師倡議成立雲腴文社，請王熙元任社長，社員計有羅尚、張夢機先生、陳文華先生、尤信雄、陳滿銘、張子良、杜松柏、蔡雄祥、賴橋本、陳弘治，曾昭旭隨後亦入社。此社每月雅集聚餐，先議定研究突破古典詩形式，半年之後，無人交卷，咸以為古典詩形式不可突破，詞突破詩的形式，曲突破詞的形式，愈是突破，形式愈是嚴格。因此不當突破形式，但變文詞氣力即可。於是改為分題寫中國文學家論傳。羅尚分得張衡，約定半年之後，大家交卷，由社長王熙元收集，而終無人交卷。其間每月雅集，每人交五百元，由尤信雄集中保管，以為旅遊之資，果然在六十九年旅遊溪頭，夜宿一宿，再去日月潭，時值大旱，日月潭見底，羅尚直呼：「大是奇觀。」另外，也集資在新店屈尺地區買地二百坪，由顏崑陽老師接手，土地所有權狀由王熙元保管，因他出資最多，幾乎出了一半。王熙元過世，也無人提出此事，若要興建土木、更動權狀所屬，必須要十二人蓋章同意才合法。

民國六十六（1977）年，參加天籟吟社。天籟吟社初立是在日治時期，林述之開勵心書坊（私塾），後來將書坊改為天籟吟社。述之次子林錫牙（長子林錫湖）任社長時，曾文新編新生報古典詩，邀約羅尚入社。林錫牙曾任傳統詩學會理事長，過世後，天籟詩社的活動即告暫停。

民國六十七（1978）年，台中省立圖書館開辦端陽全省詩人聯吟會，到台北找閱卷詞宗，找上文化大學詩學研究所所長，由所長另請二人去台中出

題閱卷。慣例詞宗須擬作一首，以爲示範。此次詞宗的一首擬作，經書寫公布，詩友譁然，認爲根本不是擊缽吟，圖書館只好暫停聯吟，次年再行舉辦。時黃永武正好在中興大學文學院長任上，圖書館請他幫忙，他商請張夢機老師，張老師告訴他大膽接下任務，然後約羅尙同去，萬事自然妥貼，若能另找一人，工作會更輕鬆。六十八年，全省詩人第二次端節聯吟，前一晚上羅尙與張老師商定七律題爲台中港，七絕題爲鳳凰花。結果七絕由張老師取高雄呂筆爲第一，七律由他取雲林陳輝玉爲第一，二人都是南部有名詩翁，結果皆大歡喜。黃永武又向圖書館建議增加學生組，增加一名詞宗，次年（六十九年）台中圖書館就辦理了，當時簡錦松老師帶中山大學學生來參加，吳榮富老師帶成大學生來參加。簡老師又將古典詩班學生作業三十餘集交給他，請他順筆潤色，又致贈二千元閱卷費。他接下詩卷，錢則當下退還。後來出版學生詩集《南華集》，簡老師又請他寫了卷頭語。

　　民國六十九（1980）年九月、十月，曾任《中外雜誌》「中外詩壇」專欄主編。

　　民國六十餘年間，江絜生過世後，繼任大華晚報「瀛海同聲」古典詩版主編，目前尙未查得確切時間，羅尙亦不復記憶。

　　民國七十（1981）年，高師大古典文學獎決審會請他擔任評審，由張夢機老師主持，另兩位決審是陳文華先生、李殿魁。

　　民國七十三（1984）年，第一屆全國大專聯吟，由陳逢源文教基金會交由簡錦松老師主辦，古典文學會協辦，主要協辦事項乃派一詞宗、命題、閱定律榜。當時此事十分莊重，各校教授都迴避，王熙元任古典文學研究會理事長時，估計羅尙可以被各校接受，便請他擔任詞宗。後來羅尙又推介社會名詩人看次唱七絕詩卷，包括基隆周植夫、花蓮楊伯西、台北蔡秋金等。古典文學會理事長由王熙元、張夢機老師、龔鵬程相繼擔任時，大專聯吟都由羅尙擔任詞宗，但大學生聯吟難定甲乙，太耗神識，在龔鵬程卸任理事長後，終於要求簡錦松老師另請高明。

　　民國七十四（1985）年，黃永武在成大文學院長任上，舉辦成大第十五屆鳳凰樹文學獎，也請羅尙任決審委員，此次決審會由黃永武主持，決審委員尙有簡錦松老師、師大尤信雄。此原是張夢機老師受邀參加決審會，但當時張老師是中央大學教務長，決審會之日因公務必須前往外島，於是張老師告訴黃永武，推介羅尙代替他，因此由羅尙參加決審會。八年之後，民國八

十二（1993）年，成大二十三屆鳳凰樹文學獎決審會，由中文系學生預先投票，請他再次參加決審，彼時筆者正是大三學生，當夜與羅尚、諸位老師茗談至夜分，他即席賦詩：「鳳凰花上月如眉，促膝圍燈討論詩。明日關山三百里，江東渭北兩相思。」並請在座諸人共聯句。當時情景，如在目前。

　　自民國七十七（1988）年馬偕醫院出院後，因須養病，活動大為減少，只參加天籟吟社、瀛社、停雲詩社的活動。

　　民國九十（2001）年，以近八十高齡，仍應網路古典詩詞雅集之請，出而指導，除了講解古詩聲調譜、作法之外，每次雅集集會都參與，熱心教導，又慨贈家中大部分藏書，深寄期望於後進詩人。

　　羅尚乃性情中人，剛正不阿，雖身居官場，仍不改其本色，又盡心盡力，忠於所託，故於詩社、評審活動、指導後進詩人，皆頗受肯定，雖然自謙是師友栽培，學術界容納，但其實可見他的詩作甚佳，評詩的眼光亦甚獨到、精準。

第三章　尋根以振葉——文學觀述論

　　劉勰在《文心雕龍・序志》中認為要從事文學批評，就應該要「振葉以尋根，觀瀾而索源」，意謂要討論文章、寫作文論，就應當追溯到根本，形成系統，如此才有意義。本文則以為詩人的文學觀往往是詩人創作的根本，可以藉此深入體會他的詩作意涵，亦可由此觀察詩人的創作表現、實踐是否與他的觀念相符，這觀察在第四、五、六章中會更明顯呈現，因此，筆者改劉勰之句而定本章之名為「尋根以振葉」。

　　羅尚極注重《詩經》、《楚辭》的傳統、孔子論《詩》、〈詩大序〉的觀點，並以此為基石；又重視劉勰《文心雕龍》、昭明太子蕭統《文選》、陸機〈文賦〉、葉燮《原詩》的理論；詩則學杜甫、韓愈、李商隱、元好問，亦頗推尊蘇軾、陸游、黃庭堅。以上都可說是羅尚的詩學淵源，雖然與傳統、其他古典詩人無甚差異，但他卻深有自覺，並切實地付諸實踐，故應當深入探析，以作為探析他實踐成果的基石。

　　羅尚的詩學專著僅有《古典詩形式說》，此書專論古典詩的形式、作法、聲律，並從聲律上分別古體、律體，其論七古聲律之精闢處過於王士禎《古詩聲調譜》、趙執信《聲調譜》。〔註1〕此將論於本章第三節。羅尚另有少數論詩文章，如〈詩囈〉、〈詩議〉，〔註2〕論理清晰豁朗；〈古體詩聲調〉、〈論

〔註1〕王士禎、趙執信之書，俱見於翁方綱：《小石帆亭著錄》，丁福保收入其所編：《清詩話》（台北：木鐸，1988年9月），趙執信：《聲調譜》有專書，亦收入丁福保所編《清詩話》。

〔註2〕〈詩囈〉見《林尹教授逝世十週年學術論文集》（台北：文史哲，1993年6月），頁299～302。〈詩議〉見《嶺雅》，第24期，1997年6月，頁81～85。筆者編《戎庵詩存》時，都收入附錄，頁745～749，頁750～756，下文引用，不再加註。

對偶〉二文，皆親自講授，經他人整理後，刊於網路「古典詩圃—名家論詩」中。〔註3〕少數書序、書信中亦有論詩者，如〈竹潭詩稿序〉、〈磊園詩集序〉、〈師復詩存校閱記〉、〈驛塵詩草序〉、〈南華集題詞〉、〈邃加室遺稿序〉、〈與陳文銓書〉等，可見他的詩學見解，也應當列入研究資料。

　　當然，羅尚的詩作仍是探討其文學觀的主要依據，雖然不一定題為「論詩」。〈辛未正月所得詩〉曾言：「留命觀天兼悟道，行年七十漸工詩。」〔註4〕此詩作於西元 1991 年（民國八十年），六十九歲時，一般習俗是算七十歲，前此，論詩之作已不少，但較為零散，此後則較為密集，顯與其自認「漸工詩」密切相關。

第一節　風騷傳統

　　羅尚論詩，特別強調《詩經》、《楚辭》所代表的精神，但他的觀點多從《論語》、〈詩大序〉、《史記·屈原列傳》而來，故本節將結合他的詩論與上述文本，來說明他強調風騷傳統的意義。

一、興觀群怨與諷諫美刺

　　羅尚特別重視孔子論《詩》「興觀群怨」的精神。《論語·陽貨》載孔子論《詩》云：

> 小子！何莫學夫《詩》？《詩》可以興，可以觀，可以群，可以怨。
> 邇之事父，遠之事君。多識於鳥獸草木之名。〔註5〕

所謂「興觀群怨」，即是朱熹所言，感發志氣、考見得失、和而不流、怨而不怒，人倫之道，《詩》無不備。〔註6〕孔子重視《詩經》的人生作用，認為從感發個人的志氣，到家國政事、民風化育，都涵蓋其中，更說：「誦《詩》三百，授之以政，不達；使於四方，不能專對；雖多，亦奚以為？」（《論語·子路》）更明白指出學《詩》的意義就在為政、專對，以解民苦，以和萬國，貢獻家國。朱熹的註解也著重說明《詩經》的政治作用：

〔註3〕〈古體詩聲調〉一文，其網址為：http://www.ktjh.tp.edu.tw/yang527/h1.htm。
　　　　〈論對偶〉一文，其網址為：http://www.ktjh.tp.edu.tw/yang527/h3.htm。
〔註4〕見《戎庵詩存》次十八，頁 559。
〔註5〕見朱熹：《四書集註》（台北：學海，1989 年 8 月），頁 175。
〔註6〕見朱熹：《四書集註》，頁 175。

> 《詩》本人情該物理，可以驗風俗之盛衰，見政治之得失，其言溫
> 厚和平，長於風諭。〔註7〕

爲政之理乃在本人情而該物理，使民安國盛。若爲人民，則可從人情、物理
知政治得失，以諷諭上位者。而《詩經》中對描繪民情風俗的盛衰既深且廣，
故可以爲驗證。崔述說得更透徹：

> 政以治民正俗爲要，《尚書》所言，乃朝廷興革之大端，至於民情之
> 憂喜，風俗之美惡，則《詩》實備之。……無怪乎季札觀於周樂，
> 而興亡得失遂如指諸掌也。〔註8〕

能知民情的憂喜，則能知感發民情之所由，同其情而化育風俗、諷諫上位者，
也就是「興觀群怨」的要求。〈詩大序〉所提出的觀點頗相似：

> 風者，風也，風以動之，教以化之。詩者，志之所之也，在心爲志，
> 發言爲詩。……上以風化下，下以風刺上，主文而譎諫，言之者無
> 罪，聞之者足以誡，故曰風。……是以一國之事，繫一人之本，謂
> 之風；言天下之事，形四方之風，謂之雅。雅者，正也，言王政之
> 所由廢興也。政有小大，故有小雅焉，有大雅焉。頌者，美盛德之
> 形容，以其成功告於神明者也。是謂四始，詩之至也。〔註9〕

強調諷諭美刺、教化的功用。在上位者以風化下，這是教化的功能，若是民
間的歌詩，就有諷諭美刺的功效，可以諫議時政，又不得罪。且一國之事可
繫於一人之志，則感發志意、反應現實、諷議執政，更具有時代性。此外，
形四方之風以成雅，顯見風雅本爲一體，皆具有諷諭美刺，並考見興衰、風
俗美惡的功用。可見興觀群怨與風雅的要求，初無二致。

　　屈原作《離騷》，繼承了怨悱諷諭的作用，太史公作《史記》時，曾特意
強調這一點，他說：

> 屈平疾王聽之不聰也，讒諂之蔽明也，邪曲之害公也，方正之不容
> 也，故憂愁幽思而作《離騷》。離騷者，猶離憂也。……屈平正道直
> 行，竭忠盡智以事其君，讒人間之，可謂窮矣。信而見疑，忠而被
> 謗，能無怨乎？屈平之作《離騷》，蓋自怨生也。國風好色而不淫，
> 小雅怨誹而不亂。若《離騷》者，可謂兼之矣。上稱帝嚳，下道齊

〔註7〕　見朱熹：《四書集註》，頁142。
〔註8〕　見崔述：《讀風偶識》卷四（台北：學海，1979年3月），頁36。
〔註9〕　見鄭玄：《毛詩鄭箋》（台北：新興，1990年8月），頁1。

桓，中述湯武，以刺世事。明道德之廣崇，治亂之條貫，靡不畢見。

（《史記・屈原賈生列傳》）

屈原既死之後，楚有宋玉、唐勒、景差之徒者，皆好辭而以賦見稱；

然皆祖屈原之從容辭令，終莫敢直諫。（《史記・屈原賈生列傳》）

作辭以諷諫，連類以爭義，《離騷》有之。（《史記・太史公自序》）

〔註10〕

《離騷》乃諷諫之作：屈原及其後的宋玉、唐勒、景差之徒，對國政皆有諷
諭美刺，欲使國君知「道德之廣崇，治亂之條貫」，故兼有國風、小雅詩人之
義。〔註11〕王逸也認爲《離騷》之作，「獨依詩人之義而作《離騷》，上以諷
諫，下以自慰」。〔註12〕這些觀點，羅尚都相當重視。

切入角度不同，評價就會不同。太史公、王逸極力稱頌屈原的諷諫精神，
班固卻有不同的見解，他說：

今若屈原，露才揚己，競乎危國群小之間，以離讒賊。然責數懷王，

怨惡椒、蘭，愁神苦思，強非其人，忿懟不容，沈江而死，亦貶絜

狂狷景行之士。多稱崑崙，冥婚宓妃虛無之謠，皆非法度之政、經

義所載，謂之兼《詩》風、雅而與日月爭光，過矣！〔註13〕

雖然班固並不特別欣賞屈原及其作品，但有了比較，就能激發更深入的探
討。劉勰在《文心雕龍・辨騷》中透過比較，提出《楚辭》的典誥之體、規
諷之旨、比興之義、忠怨之辭，四事同於風、雅；詭異之辭、譎怪之談、狷
狹之志、荒淫之意，四事異乎經典，認爲《楚辭》乃是：

體憲於三代，而風雜於戰國，乃《雅》、《頌》之博徒，而詞賦之英

傑也。觀其骨鯁所樹，肌膚所附，雖取鎔《經》旨，亦自鑄偉辭。

〔註14〕

〔註10〕 見司馬遷著，楊家駱主編：《新校本史記三家注》（台北：鼎文，1993 年 10
月），頁 2482，頁 2491，頁 3314。

〔註11〕 「國風好色而不淫，小雅怨誹而不亂。若《離騷》者，可謂兼之。蟬蛻濁穢
之中，浮游塵埃之外，皭然泥而不滓；推此志，雖與日月爭光可也。」班固
說是淮南王劉安敘《離騷傳》之言。見班固〈離騷序〉，錄於洪興祖：《楚辭
補注》（台北：天工，1989 年 9 月），頁 49。

〔註12〕 見王逸：〈離騷序〉，錄於洪興祖：《楚辭補注》頁 48。

〔註13〕 見班固〈離騷序〉，錄於洪興祖：《楚辭補注》，頁 49～50。

〔註14〕 詳見劉勰著，王更生注譯：《文心雕龍讀本》（台北：文史哲，1991 年 9 月），
頁 65～66。

經過比較，就可看出班固的意見並不正確。劉勰更言：「楚襄信讒，而三閭忠烈，依《詩》製《騷》，諷兼比興。」〔註15〕可見《詩經》、《楚辭》的諷諭精神確實是一脈相承的。

羅尚繼承此一諷諭精神，以為作詩之要就在傳達興觀群怨，以成本於志而感發志意、諷諭之功。如〈論詩〉云：

> 四始窮人事，離騷入鬼神。開張因二氏，忠愛範千春。
>
> 作者心殊苦，綱之眼可真。古來尊李杜，吾輩尚知津。
>
> 義不關民命，名空駭世聞。有才堪述作，此路遠功勛。〔註16〕

第一首詩的首二句即是整首詩的主要意義，其後六句皆由此衍生。四始，即〈詩大序〉所言的風、大雅、小雅、頌，即《詩經》。《詩經》兼有「興觀群怨」之旨，以及欲解民苦、以和萬國之道，可以說人倫之道，《詩》無不備，故說「窮人事」。羅尚以為後代詩歌的發展，無不受《詩經》、《楚辭》的影響，尤其興觀群怨、忠愛之心，不僅是千秋典範，更規範了後世的創作與評論。後人學詩，應當由此深入，不當僅僅以李白、杜甫為準則。

再與第二首的「義不關民命，名空駭世聞」參看，「窮人事」之意更能呈顯。詩作應當與民情物理、風俗美惡相關連，以成興觀群怨，而非徒事空言，〈春興後篇〉中即言「有詩無事等兒嬉」。〔註17〕〈答蔡念璧〉亦言：

> 斂手名場共有心，此時難寶口如金。
>
> 言談不幸能千古，請為蒼生更苦吟。〔註18〕

此詩作於渡臺初期，當時政治、民心不安穩，欲以詩歌傳民命，頗有深意。

作詩本不為追名逐利，也明知沈默是金，故欲斂手不為。然而此時不能不作，雖然文章與功勛利祿之途疏遠，甚至可能招來不幸，尤其政府渡臺初期政治不安穩，最有可能引發文字獄，但文章亦能流傳千古，將此時的民情哀樂、政治風波傳之於千載之後，使後之覽者，有感於斯文。「請為蒼生更苦吟」，下得極為沈痛，卻也道出他的襟懷，雖然為蒼生吟詩是苦，但不徒事空言，志在傳蒼生民命之情，而予來者興感。

羅尚對此意屢屢言及，如〈秋感〉：「望古無音信，哀時為去留。興觀群

〔註15〕見劉勰著，王更生注譯：《文心雕龍讀本·比興》，頁145。
〔註16〕見《戎庵詩存》次四，頁144。
〔註17〕見《戎庵詩存》次十三，頁472。
〔註18〕見《戎庵詩存》次二，頁54。

怨事，來者有深謀。」〔註19〕古時堯舜之安定、風俗之淳厚，再無消息，只能哀感於時代的動盪而著論，寄託興觀群怨，以使覽者有志於恢復。又如〈壬戌釋奠日〉：「兩楹如夢神如在，四可昌詩不敢忘。」〔註20〕四可即為「可以興，可以觀，可以群，可以怨」。〈詩議〉更明言：

> 興觀群怨之性情不易，金科玉條。

〈與陳文銓書〉亦曰：

> 今有一大錯，以聲調格律為傳統，故曰傳統詩。殊不知聲律為文學
> 形式，而非內容，內容為思想、感情、想像，在詩為興觀群怨、思
> 無邪，這才是傳統，亦即黃梨洲所謂「千古性情」。〔註21〕

強調傳統古典詩的精義在興觀群怨、思無邪，而非聲調格律，興觀群怨、思無邪，才是千古不易的性情。亦即「詩以風雅為至極」，「以達於事變為用」，〔註22〕真正呈現民情風俗、政治得失，並使覽者興感奮發。又如：

> 一人之心繫一國，風則如此思無邪。
>
> 言志為本押韻鄙，應酬詼笑蓬依麻。（〈答餘庵寄詩卷〉）
>
> 言之無罪亦無功，爻見興衰道未窮。（〈詩鐸〉）〔註23〕

強調言志為本，然而此「志」並不僅是個人的情志，更涵融了生民的欣喜悲苦，成為「繫一國」的情志。〈詩大序〉言：「是以一國之事，繫一人之本，謂之風；言天下之事，形四方之風，謂之雅。雅者，正也，言王政之所由廢興也。」由風形成雅，以言政治的得失興廢，可見風雅一體。詩歌之作，也只有在考見興衰中，才見得風雅不亡、詩道不亡。又如〈息機〉云：

> 揀盡寒枝不肯棲，夢中時採故山薇。諸邦戰伐無休止，一代文章有
> 怨誹。月色清涼秋已老，溪聲細斷水安歸。懷鄉撫亂傷羈旅，未敢
> 人前說息機。〔註24〕

此詩作於七十之年。頷聯相當警醒，頸聯是象徵筆法，以秋老喻人老，溪聲細斷喻家國喪亂，水不得歸喻不能回鄉。羅尚少從軍旅征戰，二十餘歲來到

〔註19〕見《戎庵詩存》次八，頁383。
〔註20〕見《戎庵詩存》次九，頁417。
〔註21〕見《戎庵詩存》附錄，頁750，頁771。
〔註22〕〈詩議〉云：「詩以風雅為至極，至極則不易，不易則變易，易道如此，此理無窮。詩以達於事變為用，用則因時制宜。時運交移，質文沿之而變。」見《戎庵詩存》附錄，頁750。
〔註23〕見《戎庵詩存》次十，頁430。次十一，445。
〔註24〕見《戎庵詩存》次八，頁385。

臺灣，海峽兩岸對峙，從此未再回四川故鄉，只能苦思父老，夢著回鄉的情景，一生傷痛。因此對國家的喪亂、無休止的戰伐感受特深，而以「怨誹」說此一代文章，倡風騷之義。

羅尚倡導風騷之義，態度極為認真，也貫徹到往昔詩稿上，編刪詩稿，都以此為標準，如〈冬夜樓望〉言：「不合風詩稿必刪。」又如〈重抄舊稿按年編次削至不能再削詩以志之〉云：「百年家國無窮事，半是深宵忍淚題。」〔註25〕存留事關家國的詩，至於其他，則刪削不錄，可見他存詩的嚴謹。

羅尚親歷家國滄桑，筆下怨誹、辛酸痛楚實多，然而每每按年編次詩作時都刪除不少，今日所見的《戎庵詩存》，其實是自行編刪後的存稿。少數詩作雖可見於《戎庵選集》、《滄海明珠集》中，但不一定全列入《戎庵詩存》，如〈白屋詩人象〉、〈卦山飯店為桂生少校證婚作〉，就沒有列入。筆者整理其手稿，又見刪詩近半，乃知羅尚原只欲出版《戎庵詩存》精選一集。探詢之下，又知他的早期詩作，刪除更多，不復得見，深以為憾，否則必能得知更多家國的當時景況，以補史實的不足。

強調風騷，必也與諷議美刺脫離不了關係，〈報謝香港鳴社惠詩輯並呈寄塵庵〉云：

> 退之曰善鳴，道統焉能窮。舒文載承持，望路驅高蹤。
>
> 精純玉溪生，古雅少陵翁。漢魏唐宋來，美刺無不同。〔註26〕

此詩以韓愈〈送孟東野序〉隱括唐以前的詩人，認為到李白、杜甫、李商隱，都是以美刺傳承。因此，從漢、魏、唐、宋以來，詩歌皆要求美刺，並無不同。韓文認為，周衰、楚亡、秦興、漢盛，皆在孔子之徒、屈原、孟子、荀子、李斯、司馬遷、司馬相如等人筆下一一呈現，從「大凡物不得其平則鳴」論起，而言「其於人也亦然，人聲之精者為言；文辭之於言，又其精也，尤擇其善鳴者而假之鳴。」更言「凡載於詩書六藝，皆鳴之善者也。」〔註27〕羅尚承襲此觀點，故以為文辭不當為遊戲之作，應當美家國之善，並刺家國之惡。〈詩議〉亦云：

> 漢儒說詩，一名三訓，承也，志也，持也。作者承君政之善惡，述

〔註25〕〈冬夜樓望〉，見《戎庵詩存》次十七，頁547～548。〈重抄舊稿按年編次削至不能再削詩以志之〉見《戎庵詩存》次十八，頁573。

〔註26〕見《戎庵詩存》次十九，頁617。

〔註27〕見韓愈撰，馬其昶校注：《韓昌黎文集校注》（臺北：世界，1992年5月），頁136～137。

己志而作詩。一國之事，繫一人之本，為詩所以持人之行，使不失墜。故作者觀世運隆污，政教之得失，風俗之美惡，人事之盛衰，述己志而作詩。歌功頌德，所以順其美，刺過譏失，所以匡救其惡。

把握當下，建立永恆，詩為歷史良心，當仁自古不讓。〔註28〕

明白指出詩人之作，就當有美刺，也由於美刺作用，道統才能維繫不輟，才稱得上是歷史良心、詩史。〈詩學研究所徵建國八十年詩〉又云：

詞流著之詩，能事刺與美。吾思杜少陵，忠信在詩史。〔註29〕

頌揚杜甫、李商隱，以為杜詩所以有「詩史」之稱，即是其詩中傳達了忠信、美刺、社會脈動。李商隱雖有不少愛情詩、無題詩，但據《蔡寬夫詩話》所載：「王荊公晚年亦喜稱義山詩，以為唐人知學老杜而得其藩籬者，唯義山一人而已。每誦其『雪嶺未歸天外使，松州猶駐殿前軍』，『永憶江湖歸白髮，欲迴天地入扁舟』與『池光不受月，暮氣欲沈山』，『江海三年客，乾坤百戰場』之類，雖老杜無以為過。」〔註30〕李商隱的這些詩句，的確深得杜甫精髓，深富美刺意味。張夢機教授稱：「義山學杜，在能得其骨格，得其神髓，而非襲其外貌。」〔註31〕羅尚〈次韻答曾文新論詩〉亦稱：「玉溪自草堂，藩籬非細事。再變出涪翁，散為百家異。」〔註32〕一面肯定李商隱詩的諷諭美刺，能得杜甫精髓，一面肯定玉溪承杜甫而啓江西詩派之功，可見他推崇李商隱，正在於此。

至於少數批評言語無用之詞，顯然是激憤之語，意在批評時政、用人，深含美刺，如〈游雲〉云：

言語寡實用，揚馬侍從臣。才不及百一，吾寧守農耕。

不有入世心，焉得震世名。興漢二三子，未見遺一經。

治道不可說，文章任割烹。點哉叔孫通，解為盛世鳴。〔註33〕

才如揚雄、司馬相如，也只是侍從之臣，沒有大用。而興漢諸人，既從馬上得天下，自然沒有留下可遵從的著作，雖陸賈勸請劉邦「行仁義，法先聖」，而有《新語》留存，但因沒有赫赫武功而無法建立封侯勳業，亦未因勸行仁

〔註28〕見《嶺雅》。

〔註29〕見《戎庵詩存》次十七，頁 550。

〔註30〕見胡仔：《苕溪漁隱叢話・前集》卷二十二（台北：長安，1978 年 12 月），頁146。

〔註31〕見張夢機：《藥樓文稿・詩阡拾穗》（台北：文史哲，1984 年 5 月），頁 34。

〔註32〕見《戎庵詩存》次七，頁 351。

〔註33〕見《戎庵詩存》次二，頁 25。

義而獲重用。至於叔孫通所定禮儀，乃在尊君抑臣，阿諛劉邦，雖表面說「頗採古禮與秦儀雜就之」，以成漢禮儀，實則是割烹典制文章，以為個人進身之階。〔註34〕羅尚批評叔孫通「黠」，也就等於在諷刺當時朝廷，只懂得用武力、只知道權位，卻不知長治久安之道。

　　此詩作於渡臺初期，對當時政府多用奉承唯諾之人，佔據高位，打壓異己，以鞏固權勢，而不用諤諤之士，力圖振作，深有所諷。

　　因此，可以確信羅尚所強調的風騷精神，定與諷議美刺有密切的關連。

二、比興與形象思維

　　羅尚的「比興」觀點，有承自前人者，亦有別出心裁，裁融西方觀點「形象思維」者。本文從承自前人的觀點說起。

　　上文屢屢提及孔子認為《詩》可以興觀群怨，其中的「興」較為偏重感發讀者志意的意思，這與漢代以後將「比興」連用，或將「比」、「興」對比以見其意的「興」，有所不同。〔註35〕後者顯然較從「作者本意」立論，一是言作者興感創作之由，而與諷諭美刺結合，一是言創作表現手法，〈詩大序〉正是從此而論，雖然它將《詩經》的表現手法分為賦、比、興，但意義較深廣的是比、興：

　　　　《詩》有六義焉：一曰風，二曰賦，三曰比，四曰興，五曰雅，六
　　　　曰頌。上以風化下，下以風刺上，主文而譎諫，言之者無罪，聞之
　　　　者足以誡，故曰風。〔註36〕

《詩》雖有六義，但風、雅、頌是指《詩經》中三種不同的內容、性質，而賦、比、興則是指三種不同的體裁、表現形式。〔註37〕賦乃是直書其事，要描繪人情感受，使聞者能同情共感，實屬不易，且容易得罪上位者，因此欲成「譎諫」而「無罪」，易使人接受，且兼有藝術美，則比、興之法更為重要。《禮記・經解》言：「溫柔敦厚，《詩》教也。」〔註38〕溫柔敦厚這一民

〔註34〕　見司馬遷著，楊家駱主編：《新校本史記三家注》，〈酈生陸賈列傳〉，頁2699。
　　　　　〈劉敬叔孫通列傳〉，頁2722～2724。
〔註35〕　參見顏崑陽：〈從「言意位差」論先秦至六朝「興」義的演變〉，《清華學報》，
　　　　　新二十八卷第二期，1998年6月，頁143～154。
〔註36〕　見鄭玄：《毛詩鄭箋》（台北：新興，1990年8月），頁1。
〔註37〕　見屈萬里：《詩經詮釋》（台北：聯經，1984年9月），「敘論五：六義四始正
　　　　　變之說」，頁11。
〔註38〕　見阮元校勘：《十三經注疏・禮記注疏》（台北：新文豐，1988年7月），頁

風、文風的形成，顯然也與表現手法相關。〔註39〕

再從屈原之作來看，太史公曰：

> 上稱帝嚳，下道齊桓，中述湯武，以刺世事。明道德之廣崇，治亂
> 之條貫，靡不畢見。其文約，其辭微，其志潔，其行廉，其稱文小
> 而其指極大，舉類邇而見義遠。其志絜，故其稱物芳。其行廉，故
> 死而不容自疏。濯淖污泥之中，蟬蛻於濁穢，以浮游塵埃之外，不
> 獲世之滋垢，皭然泥而不滓者也。推此志也，雖與日月爭光可也。
>
> （《史記・屈原賈生列傳》）
>
> 作辭以諷諫，連類以爭義，《離騷》有之。（《史記・太史公自序》）
>
> 〔註40〕

「上稱帝嚳，下道齊桓，中述湯武，以刺世事」，「稱文小而其指極大，舉類
邇而見義遠」，「連類以爭義」，就是運用比興之法以諷諭美刺。以比興諷諭，
即使細微、淺近的事類，都能有極深遠、重大的含意，描繪遠大的願景，闡
明道德的崇高博大，治亂的條理。宋玉之徒學習這類辭令，而終不敢直諫，
也間接說明運用比、興諷諭的軌則，與身為人臣的無奈。

其次，比、興的運用，不只有諷諫的意涵，亦顯出作者個人的性情，如
屈原「志潔」，故「稱物芳」。

比、興的運用很重要，但「比」、「興」的意義究竟為何，鄭玄說：

845。《禮記・經解》云：「溫柔敦厚，《詩》教也。……《詩》之失，愚。……
溫柔敦厚而不愚，則深於《詩》者也。」

〔註39〕鄭玄說：「溫謂顏色溫潤，柔謂情性和柔，詩依違諷諫，不切指事情，故曰溫
柔敦厚是詩教也。」蔡英俊認為「溫柔敦厚」一詞所蘊含的原始理念應是：
美感教育足以造就優雅平和、寬容體貼的情性。因此鄭玄疏解《禮記・經解》
這段文字時有誤，因為如此解釋，「溫柔敦厚」就成為詩人寫作時的準則，而
不再是指作品對讀者的感染與效用。且在這此觀點引導下，唐宋以後的詩學
對「溫柔敦厚」的說解，遂從讀者的教化立場轉移到詩人創作的原則，並且
引進「比興」、「詩史」等觀念，從而架構出傳統詩學中一套極為特殊的詮釋
系統，值得我們進一步辨析清楚。見《比興物色與情景交融》（台北：大安，
1990年8月），頁106～107。蔡氏從感染力的觀點說明《禮記・經解》「溫柔
敦厚」，基本上是正確的，但卻忽略了這些都是儒家典籍，若從孟子提出的「以
意逆志」、「知人論世」觀點來看，作品能感發人、使人「溫柔敦厚」，則作品
的風格必是溫柔敦厚，作品的風格溫柔敦厚，則詩人的精神必也是溫柔敦厚，
如此才能使作品具有溫柔敦厚的感染力量。故鄭玄雖從詩人創作的角度立
論，但仍未偏離詩教的精神。因此本文仍認為「溫柔敦厚」與創作手法有關。

〔註40〕見司馬遷著，楊家駱主編：《新校本史記三家注》，頁2482，頁3314。

比，見今之失不敢斥言，取比類以言之；興，見今之美嫌于媚諛，

取善事以喻勸之。

鄭玄又引鄭司農（眾）的說法：

比者，比方於物也；興者，託事於物。〔註41〕

但將比歸爲刺，將興歸爲美，似乎太過武斷，與《詩經》表現的意涵不符，
孔穎達即已質疑鄭玄的說法，他說：

比云見今之失，取比類以言之，謂刺詩之比也。興云見今之美，取
善事以勸之，謂美詩之興也。其實美刺俱有比興者也。

又說：

鄭司農云比者比方於物，諸言「如」者，皆比辭也。司農又云興者
託事於物，則興者起也，取譬引類，發起己心，《詩》文諸舉草木鳥
獸以見意者，皆興辭也。〔註42〕

孔穎達認爲讚美、諷刺，都用了比興手法，不能從美刺來分別比興。今人如
葉嘉瑩、周振甫也都贊成此說。〔註43〕朱自清則認爲：「鄭玄『箋興詩，仍多
是刺意』，混淆不清，難叫人相信；鄭眾說太簡，難以詳考；孔穎達釋『比』，
界劃井然，可是又太狹了；且沒有確定『興』的『發端』一義，所以也僅能
做爲參考而已。」至於朱氏認爲「取譬引類」爲是，恐怕也有待商榷，畢竟
「取譬」乃是「比」，而非「興」。〔註44〕蔡英俊則肯定孔穎達所認爲的：詩
歌所要抒發、傳達的事理，本來就有一定的法則可循，故凡是借用鳥獸草木
來傳達情思的表現方式，都可以稱爲「興」。〔註45〕楊宿珍在〈素樸的與激情

〔註41〕見《周禮·春官》：「大師掌六律、六同，以合陰陽之聲。……教六詩」一節
下之注。見阮元校勘：《十三經注疏·周禮注疏》（台北：新文豐，1988 年 7
月），頁 356。

〔註42〕見阮元校勘：《十三經注疏·毛詩正義》（台北：新文豐，1988 年 7 月），頁 15。

〔註43〕葉嘉瑩的看法見《迦陵談詩二集》（台北：東大，1985 年 2 月），頁 130，注 9
條。周振甫的看法見《文心雕龍注釋》（台北：里仁，1984 年 5 月），頁 684。

〔註44〕見朱自清：《詩言志辨》（台北：頂淵，2001 年 12 月），頁 79～80。

〔註45〕詳見蔡英俊：《比興物色與情景交融》，頁 142。陳世驤亦曾就「興」的原則、
藝術提出意見，他在〈原興：兼論中國中國文學特質〉中提出，「興」兼有歌、
舞、樂合一的藝術形式及精神，每一出現，「輒負起它鞏固詩型的任務，時而
奠定韻律的基礎，時而決定節奏的風味，甚至於全詩氣氛的完成。『興』以迴
覆和提示的方法達成這個任務（按：即文中所稱的『複踏』和『疊覆』），尤
其更以「反覆迴增法」來表現它特殊的功能。」詳見《陳世驤文存》（台北：
志文，1972 年 7 月），頁 227～245，引文在頁 232～233。

的──詩經與楚辭〉一文中則擴大範圍，認為「自然中的草木鳥獸、日月山川及人為器物，都是先人以之入詩的素材，造成自然鮮活、初生混沌的意象，更見『興』的功能。」〔註46〕

早於孔穎達的劉勰，也在《文心雕龍・比興》提出了一定的規則來解釋「比」、「興」：

> 比者，附也；興者，起也。附理者切類以指事，起情者依微以擬議。
> 起情故興體以立，附理故比例以生。……何謂為比？蓋寫物以附意，
> 揚言以切事者也。……夫比之為義，取類不常：或喻於聲，或方於
> 貌，或擬於心，或譬於事。〔註47〕

劉勰認為「比」的運用，乃是因有相切合、類似之處，故能抒寫事物來比附心意，切合事類來指明事實，只是取類不常，故提出「或喻於聲，或方於貌，或擬於心，或譬於事」四種比法，顯然較孔穎達明確得多。以「起」釋「興」，可能影響了孔穎達。

黃侃《文心雕龍札記・比興》則提出了補充：

> 題云比興，實側注論比，蓋以興義罕用，故難得而繁稱。原夫興之
> 為用，觸物以起情，節取以託意，故有物同而感異者，亦有事異而
> 情同者。〔註48〕

黃侃認為「興」是「觸物以起情，節取以託意」，也就是因外在事物引發個人內心的情感，而節取此事物的某方面意義來寄託個人情意。這就將「發端」與「託意」結合起來，完整的解說了「興」的意義，也將情意與形象之間的相互引發、結合，做了很好的說明。

羅尚也在這些基礎上提出自己的意見，雖然贊同「興」是「觸物以起情」的觀點，但卻不贊同「興義罕用」的說法。他在〈文心雕龍摘要・比興〉後下了按語：

> 或謂題云比興，實側注論比，蓋以興義罕用，故難得而繁稱。但現
> 行詩詞，隨時隨地，皆用比興。比者索物以托情，興者觸物以起情。
> 〔註49〕

認為比是「索物以托情」，興是「觸物以起情」，很明確的說明二者間情意

〔註46〕見蔡英俊主編：《意象的流變》（台北：聯經，1997年4月），頁27。
〔註47〕見周振甫：《文心雕龍注釋》，頁677～678。
〔註48〕見黃侃：《文心雕龍札記》（台北：文史哲，1973年6月），頁170。
〔註49〕這是從羅尚的摘要札記中摘錄下來的。

與形象的不同引發狀態，不再以興是「節取以託義」，因爲「節取以託義」
與「索物以托情」的意義難以釐清。他又認爲「現行詩詞隨時隨地，皆用
比興」，〈詩議〉中也稱：「比興用名物聲色爲美術性。」顯然他並不認爲「興」
就一定得與「託義」關連。所以雖然極強調諷諭美刺，但又認爲「比興」
在「諷諭寄託」與「純粹美感、藝術效果」之間，並沒有明確的界線，也
就是「比興」的運用其實可以含括兩者，而且創作時的心物交感作用，並
不一定能完全釐清，因此「比」、「興」也就難以完全釐清了。〔註50〕若不
論諷諭美刺的效果，葉嘉瑩在這些觀點上就與羅尚相似，論說也更明確，
他說：

> 只從「賦」、「比」、「興」三個字的最簡單最基本的意義來加以解釋
> 的話，則所謂「賦」者，有鋪陳之意，是把所欲敘寫的事物加以直
> 接敘述的一種表達方法；所謂「比」者，有擬喻之意，是把所欲敘
> 寫之事物借比另一事物來加以敘述的一種；表達方法而所謂「興」
> 者，有感發興起之意，是因某一事物之觸發而引出所欲敘寫之事物
> 的一種表達方法。……總之，這種樸素簡明的解說確實在表明了詩
> 歌中情意與形象之間相互引發、相互結合的幾種最基本的關係與作
> 用。

又說：

> 「比」與「興」二種手法，在理論方面雖可以按其「心」與「物」
> 感發之層次，以及其感發的性質，做明白的區分，可是在實踐中，
> 則創作時之心物交感的作用，卻實在並不容易截然劃分，因此後人
> 乃往往將「比」與「興」連言，泛稱之爲「比興」，而不再於其心與
> 物之感發層次及感發性質方面，做明細之區別。〔註51〕

葉嘉瑩剖析詩歌創作中情意與形象的互動關係，使賦、比、興的意義明確，
也說明創作實踐中心物交感的作用，的確不易截然劃分，故將比興合用，說

〔註50〕朱自清說：「從唐以來，『比興』一直是最重要的觀念之一。後世所謂『比興』
雖與毛、鄭不盡同，可是論詩的人所重的不是『比』『興』本身，而是詩的作
用。」又說：「論詩尊『比興』，所尊的並不全在『比』『興』本身價值，而是
在『詩以言志』，詩以明道的作用上了。」見《詩言志辨・比興論詩》，頁95，
頁97。雖然羅尚強調詩要有諷諭美刺，使得「比興」也帶有一定的諷諭美刺
意味，但是也認爲「比興」是將詩歌藝術化的重要方式，甚至單就「比興」
而言，藝術化的意味比諷諭美刺更重。
〔註51〕見葉嘉瑩：《迦陵談詩二集》，頁119，頁141。

理明晰，令人佩服。但這仍是純從美學角度觀察，若再加上羅尚所強調的諷諭美刺，則其「比興」觀點的確包含了蔡英俊所說的兩種意涵：

> 「比興」一詞實際上蘊含有兩層不同的意義內涵，而這兩層意義又各自對應著不同的創作理念與批評觀點：就諷諭寄託一層看，「比興」是從詩歌與政治、社會的關係來考慮詩人的創作意圖與詩歌的效用；而就興會感發一層看，「比興」是就詩歌與情感表現、作者與讀者的美感經驗的關係來衡量詩歌的藝術效果與美學價值。〔註52〕

但羅尚也說「比興用名物聲色爲美術性」，因此若單純就「比興」而論，其藝術效果、美學價值顯然要重一點。

羅尚的「比興」觀點還裁融了西方的「形象思維」，他在〈竹潭詩稿序〉中說：

> 若剪裁文字，突顯意象爲形象，提供認識，詩爲形象認識，中西不易之論，比興是也。〔註53〕

羅尚時常將「比興」連用，並認爲其功用乃是將意象化爲形象，藉形象來傳達作者抽象的思想、感情、意涵，使人得以認識，〔註54〕此與西方「形象思維」的表現手法相同，因此可以相互裁融。他曾說明歌德（Goethe，1749～1832，德國）的觀點：

> 歌德就把感性、悟性、理性變成文學思想的來源，他認爲感覺，理解，理性就是文學思想的來源，再把想像加在三樣裡面，想像加在感覺裡面，能夠刻畫、更清楚明白的形象認識，把感覺加入理解、思維裡面，可以擴充理解的世界、世界觀，把想像加在理性裡面，理性可以保障想像，使不至於成亂象、成幻象，這就落實了，落實了以後，想像同理性競爭，想像有理性保護，就能透入一切，就能深入一切，也能裝飾一切。〔註55〕

〔註52〕見蔡英俊：《比興物色與情景交融》，頁154～155。

〔註53〕見《戎庵詩存》附錄，頁768。

〔註54〕周振甫認爲「形象思維」有幾種表現方法：（一）光寫形象，從形象中表達作者的思想感情。（二）主要寫思想感情，沒有描繪具體形象，但從抒寫的思想感情中含蘊著具體形象，從而感到詩中所寫的思想感情不是抽象的，是跟喚起的具體形象結合的。（三）既寫形象，也寫自己的思想感情，通過兩者的結合來表達。見《詩詞例話》卷一（台北：五南，1994年5月），頁30。

〔註55〕這是2004年1月28日訪談錄音資料。經查歌德所言原譯如下：「這裡（康德的哲學裡）列舉了感覺、理解和理性作爲我們獲得觀念的主要功能，卻忘掉

這可以分成兩個層次來看，第一個層次：「感性」就是「感覺」，「悟性」就是
「理解」。感覺加上想像，就能形成意象，成為「觸物以起情」的「興」，能
夠「稱名也小，取類也大」（《文心雕龍·比興》語）。感覺加入理解，則擴充
了世界觀，可以成為「索物以托情」的「比」，則「切類以指事」。也就是說，
感覺、理解、想像結合，就能表現比興。

　　第二個層次：形成「比興」之後，想像若再加上理性，就能產生判斷，
而有結構，能使形象思維落實，於是「比興」就能透入一切、深入一切、裝
飾一切，不僅能表意，也能成就藝術性。《文心雕龍·比興》也說：「詩人比
興，觸物圓覽。物雖胡越，合則肝膽。」〔註56〕即使杳不相涉的事物，也能
從其相似之處，透過形象思維結合在一起，而增強詩歌的形象、藝術。

　　羅尚曾云：「我言詩是認識論，興觀群怨金玉章。」〔註57〕其中的「認識
論」即是指形象認識、形象思維，比興、形象思維是為「興觀群怨」服務的，
以成就藝術性，可見「興觀群怨」仍是其論詩的首要觀點，比興、形象思維
不能脫離「興觀群怨」。

　　羅尚又在〈詩議〉一文中說：

　　　　夫觀物索象，不一不異。觀物則灼見在物之事理情，以在我之才識

> 了想像，因而產生了一個無可彌補的缺陷。想像是我們精神本質裡的第四個
> 主要功能：它以記憶的方式去補助感覺；它以經驗的方式為理解提供世界觀；
> 它為理性觀念塑造或發明了形象（bildet oder findet Gestalten zu den
> Vernunftideen），鼓舞整個人類──假若沒有它，人類會沉陷在黯然無生氣的
> 狀態裡。想像為它的三個姊妹功能這樣效勞，同時它也被它的那些親戚引進
> 了真理和真實的領域。感覺給它以刻畫清楚的、確定的形象；理解對它的創
> 造力加以節制；理性使它獲得完全保障，在思想觀念上立下基礎而不致成為
> 夢境幻象的遊戲。想像超出感覺之上而又為感覺所吸引。但是想像一發覺向
> 上還有理性，就牢牢地依貼著這個最高領導者。……透入一切的、裝飾一切
> 的想像不斷地愈吸收感覺裡的養料，就愈有吸引力；它愈和理性結合，就愈
> 高貴。到了極境，就出現了真正的詩，也就是真正的哲學。」引自〈致瑪麗
> 亞·包洛芙娜（Maria Paulowna）公爵夫人書〉，（一八一七），譯自季爾諾斯
> （W. Girnus）編《歌德論文藝》第一五三至一五五頁。見亞里士多德等著：《論
> 形象思維》（台北：里仁，1985 年 1 月），頁 71～72。想像非常重要，亞里士
> 多德《心靈論》第三卷第三章也說：「想像不同於感覺和判斷。想像裡蘊蓄著
> 感覺，而判斷裡又蘊蓄著想像。」見亞里士多德等著：《論形象思維》，頁 9。

〔註56〕見劉勰著，王更生注譯：《文心雕龍讀本·比興》，頁 146。
〔註57〕見《戎庵詩存》次十三，〈日本詩人服部承風詩似牧之為中華學術院詩學研究
　　　　所研究委員日本心聲詩社主宰一九八六年五月四日心聲詩社廿年紀念以「御
　　　　招待」相邀去名古屋用柏梁體聯句不克成行寄詩致意〉，頁 472～473。

膽力衡之，氣以貫之，氣盛，言之短長，聲之高下皆宜。索象爲形象思維，神用象通，尋範疇認識。故用比興，比者索物以托情，興者觸物以起情。觀物須觀察周密，否則意不稱物，不能構成意象，無以運斤，突顯爲形象。索象則神思想像，思理所行，無有深遠。故曰「寂然凝慮，思接千載，悄焉動容，視通萬里」。此所不一不異者，意能稱物，文能逮意。

觀物，表面上似乎與比興無關，但其實是運用比興前的準備工作，能觀察周密，洞見物的事、理、情，才能了然於心而準確運用比興，以至於構成意象，化爲形象，形成文章，羅尚此言乃是完整的創作觀，近於元好問的觀點，〈論詩三十首〉說：「眼處心生句自神，暗中摸索總非眞。畫圖臨出秦川景，親到長安有幾人。」「池塘春草謝家春，萬古千秋五字新。傳語閉門陳正字，可憐無補費精神。」查愼行云：「見得眞，方道得出。」〔註58〕必然要觀物眞切，才見眞章，若暗中摸索，終究不能寫出眞切情態。

　　此處實際上也裁融了幾個論點，首先引用了葉燮《原詩》的觀點，葉燮說：

曰理、曰事、曰情，此三言者足以窮盡萬有之變態。凡形形色色，音聲狀貌，舉不能越乎此，此舉在物者而爲言，而無一物之或能去此者也。曰才、曰識、曰膽、曰力，此四言者所以窮盡此心之神明。凡形形色色，音聲狀貌，無不待於此而爲之發宣昭著；此舉在我者而爲言，而無一不如此心以出之者也。以在我之四，衡在物之三，合而爲作者之文章，大之經緯天地，細而一動一植，詠歎謳吟，俱不能離是而爲言者矣。

曰理、曰事、曰情三語，大而乾坤以之定位，日月以之運行，以至一草一木一飛一走。三者缺一，則不成物。文章者，所以表天地萬物之情狀也；然具是三者，又有總而持之、條而貫之者，曰氣。事、理、情之所爲用，氣爲之用也。……三者藉氣而行者也。

〔註58〕見元好問著，清·施國祁箋：《元遺山詩集箋注》（台北：廣文，1973年6月）卷十一，頁569。郭紹虞認爲元氏所謂「眼處心生」，「自然興會超妙，接近神韻」，並不重在現實生活，「只是自然界之景而已」。見《元好問論詩三十首小箋》（台北，木鐸，1988年9月），頁67。郭氏只從文字表面立論，稍嫌拘泥，恐非。若眼見社會百態，心有所感，發爲文字，豈是神韻？元氏只是假借自然景物立論，意義應更廣大，不應侷限。

得是三者，而氣鼓行於其間，絪縕磅礴，隨其自然，所至即爲法，
此天地萬象之至文也。〔註59〕

羅尙曾簡述其要，他說：

在物者爲事理情，在我者爲才識膽力，以在我之才識膽力，去衡在
物之事理情，氣以貫之，詩出來了。

若觀物周密，加上才、識、膽、力的運用，則成文章，經緯天地、詠歎謳吟，
都在這個範圍中。至於所謂的才、識、膽、力爲何，對照葉燮的兩段話，可
見這是分而言之，若總而言之，則爲創作主體的「氣」，也就是作者個人的
「氣」。若無創作主體的氣貫串其間，則文章了無生氣，雖設理、事、情，
亦無甚可觀，正如萬物若無氣，就會立刻萎敗。若作者氣勢磅礴，所至即爲
文法，文章則爲天下之至文。此點又引用了韓愈〈答李翊書〉的看法，韓愈
說：

氣，水也，言，浮物也；水大而物之浮者小大畢浮。氣之與言猶是
也，氣盛則言之短長與聲之高下者皆宜。〔註60〕

但韓愈的說法實爲學文的功夫，不僅需要有長久的養氣，並且要得其要領，
「行之乎仁義之途，游之乎《詩》、《書》之源」，才能有所成就，就是「無
望其速成」的意思。〔註61〕若氣勢強盛，則言之短長自然由其決定而暢達，
至於聲之高下，亦是如此，《文心雕龍・聲律》指出：「聲含宮商，肇自血
氣。」〔註62〕宮、商、角、徵、羽，這些音調會影響聲音高下，而音調既皆
肇自血氣，則氣勢、語氣強盛，聲之高下必也適宜。可見觀物並非只是單純
體察事物情理，也甚爲強調學習經典之作，期能了然於心，並從其中培養個
人的磅礴之氣，以使了然於手口，如此則能行文如流水，言之短長、聲之高
下皆宜。

　　至於「形象思維」，上文已經說明，但此處羅尙又與《文心雕龍・神思》
「神用象通」並論，以言比興索象之功。「神用象通」，即從「神與物遊」進
一步產生文意，當精神、心思與物接觸，則產生意象，再由意象具象化爲形
象，由形象表現神思。所以他認爲「神思想像，思理所行，無有深遠」，只

〔註59〕見葉燮：《原詩》卷二，內篇下。卷一，內篇上。收錄於丁福保編：《清詩話》，
　　　　頁579，頁576。
〔註60〕見韓愈撰，馬其昶校注：《韓昌黎文集校注》，頁99。
〔註61〕高步瀛曰：「以上言學文功夫，所謂『無望其速成』也。」見葉百豐編著：《韓
　　　　昌黎文彙評》（台北：正中，1990年2月），頁110。
〔註62〕見劉勰著，王更生注譯《文心雕龍讀本》，頁105。

要是從條理思索而得的，都可以化爲形象，沒有深遠的問題，故說「寂然凝慮，思接千載，悄焉動容，視通萬里」，天地萬物都可加以彌綸籠括，驅使於筆端，〈名望一首有答〉直取〈學記〉之言曰：「手與心相應，安詩在博依。」〔註63〕正是言比興、形象思維的功用。

　　當然，所有的構思都應符合基本的要求，即「意能稱物，文能逮意」，也就是文要合於構思之意，構思之意要能正確的反映事物。〔註64〕若觀物的功夫周密，則運用比興、發展形象思維時，便能以適合的形象傳達構思之意，正確的反映出客觀事物，而不至於落入陸機〈文賦〉所稱：「意不稱物，文不逮意。」

　　羅尚更舉例來說明形象思維，〈陳永正選注李商隱詩〉云：

　　　珠有淚是淚下淚，木蘭舟是花之身。

　　　形象思維得認識，上天入海尋彌綸。〔註65〕

認爲李商隱的〈錦瑟〉、〈木蘭花〉二詩就運用了比興技巧、形象思維來創作，〈木蘭花〉詩云：「洞庭波冷曉侵雲，日日征帆送遠人。幾度木蘭舟上望，不知元是此花身。」見木蘭花而興起自身的淒惻，故以木蘭斲成的孤舟形象，喻謂己身孤獨、漂泊天涯。本不知是此花身，而忽然悟得元是此花身，則更加痛楚淒惻。〈錦瑟〉一詩家喻戶曉，「滄海月明珠有淚」一句，其中的「珠」乃是南海鮫人之淚化成，〔註66〕故羅尚認爲「珠有淚」乃是淚下淚，淚化爲珠，珠又化爲淚，言義山之痛更深於鮫人之痛。

　　以比興、形象思維來創作，則能窮搜天地萬物，無遠弗屆。同樣的，以形象思維的模式賞析詩，也更能彌縫詩意。當然，形象思維既然同於比興，則比興的優缺點，自然也在形象思維中呈現，鍾嶸〈詩品總論〉就提出「專用比興」的優缺點：

　　　宏斯三義（賦、比、興），酌而用之，幹之以風力，潤之以丹彩，使

　　　味之者無極，聞之者動心，是詩之至也。若專用比興，則患在意深，

〔註63〕見《戎庵詩存》次十八，頁573。《禮記・學記》：「不學博依，不能安詩。」博依，意爲博通於鳥獸草木、天時人事的情狀而能譬喻。見王夢鷗：《禮記今註今譯》（台北：臺灣商務，1971年），卷十九，頁480。

〔註64〕參見《中國歷代文論選（上）》（台北：木鐸，1987年7月），頁143。陸機撰，張少康集釋：《文賦集釋》（台北：漢京，1987年2月），頁13。

〔註65〕見《戎庵詩存》次二十三，頁704。

〔註66〕見張華撰，范寧校證：《博物志校證・異人》卷二（台北：明文，1981年），頁24。

> 意深則詞躓。若但用賦體，則患在意浮，意浮則文散，嬉成流移，
> 文無止泊，有蕪蔓之累矣。〔註67〕

雖然比興的運用能使「味之者無極，聞之者動心」，但也患其意深詞躓，這是表達能力不足的缺陷。若高才如李商隱，他的詩雖然使讀者動心，也不至於詞躓，卻因爲專用比興，而遂至意義深隱、迷離惝怳，雖解人無數，但總不得其眞解，所以元好問說：「望帝春心托杜鵑，佳人錦瑟怨華年。詩家總愛西崑好，獨恨無人作鄭箋。」〔註68〕

但是運用比興還是非常重要的，吳喬《圍爐詩話》卷五就說：「嚴滄浪謂『詩貴妙悟』，此言是也。然彼不知興比，教人何從悟入？無見於唐人，做玄妙恍惚語，說詩、說禪、說教，俱無本據。」〔註69〕興比，就是比興，沒有比興，就會顯得枯燥無味，說理說教，都如同偈語。能運用比興，總高於只強調格律，所以羅尚〈首屆中華詩詞大賽〉言：「江山代有人才出，比興還爭格律奇。」〈湘潭白石詩社贈其所編輯之中華工業詩詞選呈謝一首〉也言：「比興常規在不爭。」〔註70〕認爲不重視比興的結果，將使詩歌的藝術性頓減。

三、眞誠實感

羅尚論詩，亦重視眞誠實感，這源頭可追溯到孔子論《詩》，子曰：

> 《詩》三百，一言以蔽之，曰：「思無邪」。（《論語・爲政》）

「思無邪」，即是思想、情性眞誠，程頤正作「誠」解。〔註71〕楊伯峻說：「『思無邪』一語本是《詩經・魯頌・駉篇》之文，孔子借它來評論所有詩篇。思字在〈駉篇〉本是無義的語首詞，孔子引用它卻當思想解，自是斷章取義。俞樾《曲園雜纂・說項》說這也是語辭，恐不合孔子原意。」〔註72〕自孔子

〔註67〕見鍾嶸著，陳延傑注：《詩品注》（台北：里仁，1992年9月），頁2。
〔註68〕見元好問著，郭紹虞解箋：《元好問論詩三十首小箋》（台北：木鐸，1988年9月），頁67。
〔註69〕見吳喬《圍爐詩話》。收入郭紹虞編選，富壽蓀校點：《清詩話續編》（上海：上海古籍，1983年12月），頁603。
〔註70〕見《戎庵詩存》次十九，頁612。次十八，頁586。
〔註71〕見朱熹：《四書集註》（台北：學海，1989年8月），頁60～61。朱熹曰：「凡詩之言善者，可以感發人之善心；惡者，可以懲創人之逸志。其用歸於使人得其情性之正而已。然其言微婉，且或各因一事而發，求其直指全體，則未有若此之明且盡者。」程頤曰：「思無邪者，誠也。」
〔註72〕見楊伯峻：《論語譯注》（台北：漢京，1987年1月），頁11。

如此解《詩》，認爲詩作要有眞誠實感、要本於人情的觀點，就時時可見。

〈詩大序〉云：「在心爲志，發言爲詩，情動于中而形於言。」內心有了感動、感激，發爲言詞，言詞也會充滿相同的情意，這就是強調眞情、眞誠。〈詩大序〉還強調：「一國之事，繫一人之本，謂之風；言天下之事，形四方之風，謂之雅。」要由眞誠的心志向外推展，去關懷「一國之事」、「天下之事」，若對國事、天下事充耳不聞，詩作內涵與社會現實的關係必然淡薄，難以寫出深刻而又普遍的情感。若能眞誠於心，關懷國事、天下事，則創作文章必也誠摯無邪，傳達民情。羅尚〈詩訣〉亦云：「文字通靈筆有神，興觀群怨性情眞。」〔註73〕

太史公對屈原及《離騷》的評價也是從這一點立論，他認爲屈原將個人的憂愁幽思，信而見疑、忠而被謗之怨，潔志廉行的操守，國君的昏聵，小人的諂佞，盡入於文辭之中，故文約辭微，且瀰漫著忠信、怨誹，處處透顯其人格精神、眞誠實感，以一人之心志，體現家國興衰，兼有「國風好色而不淫，小雅怨誹而不亂」的特色，可與日月爭光。

可見詩言志，所言的不僅是個人的心志，也代表了民情風俗、國事、天下事，因此不僅要細察民情，也要能眞誠的體現民情，羅尚對此深有所感，說：

> 詩者，感於物而言志，誠於中而形於外者也。故曰「詩以言志，文以明言」，蓋君子進德修業，處亂世而無悶，志於道而遊於藝，亦各言其志而矣。非葦藻宏辯之言方爲詩，和平樸實之音非詩也。若有人焉，言忠信，行篤敬，能行蠻貊，能涉波濤，此君子人也，其詩則眞詩也。（〈磊園詩集序〉）

> 明理以立體，修辭立其誠，無邪在其中矣。（〈詩議〉）〔註74〕

詩乃是心志所發，此「志」小則關乎個人，大則關乎家國、民情風俗，但不論感於何者而發，總須眞誠於心，實感於現實，不暗中摸索，〔註75〕才能將景物、社會現實描寫得眞切動人，傳於千古之後。

〔註73〕見《戎庵詩存》次十七，頁549。

〔註74〕見《戎庵詩存》附錄，頁757，頁753。

〔註75〕元好問〈論詩三十首〉曰：「眼處心生句自神，暗中摸索總非眞。畫圖臨出秦川景，親到長安有幾人。」元好問著，清・施國祁箋：《元遺山詩集箋注》卷十一，頁569。元遺山之說，含有眞誠實感之意，若無眞誠實感，則不能說「眼處心生」。

　　所謂明理，乃是指思理、事理、情理明晰，足以言之成理。明理仍是從觀物而來，使物無隱貌，則能了然於心，了然於手口，而能辭達，辭達則體勢得以建立。又以誠篤為文修辭，則無邪自在其中，不論華藻宏辯，還是和平樸實，皆是各言其志所得，皆為真詩。

　　就詩而論，羅尚也甚強調真誠，如〈憶湘潭舊遊寄似白石詩社〉云：

　　　　懷邦念舊本人情，不朽文章出至誠。

　　　　世亂堅持心不亂，白雲來去寄詩聲。〔註76〕

就是身處亂世，才更要有所堅持。人品如此，文章也是，本於人情，出於至誠，文章才能不朽，若造作虛妄，就是假詩，不值得多看一眼。又如〈和蔡琢章同社韻〉云：

　　　　白雲有質也輸輕，況與滄桑變幻爭。

　　　　自是忘情殊未得，更拋心力學鍾情。〔註77〕

言鍾情，傾注情意，正是強調真誠實感。首二句以白雲起興，「輸」是傳達、表達之意。白雲雖有其質實，也仍極為輕巧，其變換也甚為迅速，轉眼間白雲蒼狗，可謂忘情之甚，但即使如此善於變換，如此忘情，仍不及滄桑的變換之速。三、四句語意一轉，既然欲學忘情如太上滄桑殊不可得，則更當學鍾情。這是化用王戎之語：「聖人忘情，最下不及情，情之所鍾，正在我輩。」〔註78〕將人生情意與宇宙自然的變化結合，使鍾情、真誠實感的意涵更加深刻，更加突顯，也成就了人與詩歌的千古之緣。又如：〈辛未正月所得詩〉云：

　　　　彈丸脫手興來時，飛動沈潛盡入詩。

　　　　無質易迷三里霧，萬方辛苦我方癡。〔註79〕

彈丸意指好詩，謝朓云：「好詩圓美流轉如彈丸。」〔註80〕飛動沈潛喻現實生活中的各種情態。一旦興來，則圓美流轉的好詩揮筆立就，但興味之來，必當得之於實存實感的生活情態。癡則深情，真誠於心、於耳目，能痴，就能得興味。此論詩作必當有感於現實，眼處心生才有質的，才能得其真實形

〔註76〕見《戎庵詩存》次十七，頁527。

〔註77〕見《戎庵詩存》次二，頁14。

〔註78〕見余嘉錫：《世說新語箋疏·傷逝》（台北：華正，1993年10月），頁638。

〔註79〕見《戎庵詩存》次十八，頁558。

〔註80〕謝朓語為沈約轉述，見楊家駱主編，李延壽撰：《新校本南史·王曇首傳》附〈王筠傳〉（台北：鼎文，1994年9月），頁609。

象，才不至於陷於迷霧森林，耗費精神，辛苦而無所得。〔註81〕〈心電圖作業中瞬間得意奪醫師筆錄之〉亦云：「不離見聞緣，萬里無沈機。」〔註82〕彈丸之喻，雖有興會超妙之感，但不同於神韻，亦不同於性靈，這在〈和稼雲翁述杜韻〉更明白可見：

> 法自儒家有，承傳賴杜詩。風騷尋墜緒，耳目得良師。
>
> 幹地排天力，忠君愛國聲。〔註83〕

「法自儒家有」直取杜甫〈偶題〉之句，以爲杜詩有承傳詩法之功，此詩法乃從《詩經》、《楚辭》而來，亦爲後世學者之詩法。王嗣奭《杜臆》云：「此公一生經歷用之文章，始成一部《杜詩》，而此篇（偶題）乃其自序也。……舊例、清規皆法也，儒家誰不有之？而妙繇心悟。」〔註84〕黃山谷〈大雅堂記〉亦以爲杜詩，「非廣之以國風、雅、頌，深之以離騷、九歌，安能咀嚼其意味？」〔註85〕杜詩傳承了風騷傳統，眞誠實感於耳目聞見的民情民俗、景物，發之於詩，有忠愛奮飛之意。以風騷、杜詩爲詩法，可見羅尚論詩雖有興會超妙之味，但實則涵融了神韻，不僅眞摯深情，出於天然，且更加開闊。〈和湘潭白石詩社八傻歌〉亦云：「詩爲事作貴眞實。」〔註86〕強調眞誠實感、眞景實況，遠高於神韻之旨。

第二節　重視《文心雕龍》、《文選》、〈文賦〉

《詩經》、《楚辭》而下，羅尚極重視劉勰《文心雕龍》、蕭統《文選》、陸機〈文賦〉。〈詩議〉云：

> 事出於沈思，義歸於翰藻，文章之大法，牢籠《昭明文選》全部各篇詩文。〔註87〕

〔註81〕「無質易迷三里霧」，直引李商隱〈聖女祠〉詩句，但化用其意。見李商隱撰，劉學鍇、余恕誠集解：《李商隱詩歌集解》（台北：紅葉，1992年10月），頁1689。
〔註82〕見《戎庵詩存》次十八，頁567。
〔註83〕見《戎庵詩存》次廿一，頁670。
〔註84〕見清·王嗣奭：《杜臆》（台北：臺灣中華，1986年11月），頁262。仇兆鰲：《杜詩詳注》（台北：里仁，1980年7月）引作「舊制清規，法也，儒家久已有之。而妙從心悟。」頁1542。
〔註85〕見黃庭堅：《豫章黃先生文集》（台北：臺灣商務，1979年），卷十七〈大雅堂記〉，頁179～180。
〔註86〕見《戎庵詩存》次十八，頁569。
〔註87〕見《嶺雅》（香港：鳴社），24期，頁85。收入《戎庵詩存》附錄，頁755。

〈秋夜偶成〉亦云：

> 文章不定八家求，法度昭昭在陸劉。
>
> 左國當時向誰學，孫崧頗說東家丘。〔註88〕

學詩學文，法度實具在於《文心雕龍》、《文選》、〈文賦〉，不一定非得學唐宋八大家，唐宋八大家也是直接、間接學於此，容述於後。羅尚因詩中聲律的要求，以陸機、劉勰概括此三著作，並以邴原故事為例，點出三著作的地位。邴原欲向孫崧學習，而孫崧以為邴原同鄉里的鄭玄「學覽古今，博聞彊識，鉤深致遠，誠學者之師模也」，棄而不學，遠求於他人，頗以為鄭玄乃東家之丘。〔註89〕此譏刺邴原之語，羅尚用之，以為學者作詩作文，不學《文心雕龍》三著作，而只求於唐宋八大家，實類於此。左國，即是《左傳》、《國語》，泛稱典籍。

　　《文心雕龍》為文學批評專書，體大慮周，識解圓通，歷代的文論、詩論幾不出其藩籬；《文選》提出的選文標準「事出於沈思，義歸乎翰藻」，乃是詩文共通的不刊大法，亦為後世所重；〈文賦〉雖偏重論述文藝形式，但仍強調「理扶質以立幹，文垂條而結繁」，重視作品內容，具體分析創作的過程，並認為創作者應「佇區中以玄覽，頤情志於典墳」，寂神凝慮，廣泛學習前人作品，期使意能稱物，文能逮意，影響了後來的《文心雕龍》、《文選》、鍾嶸《詩品》等著作。羅尚既極力稱頌《文心雕龍》、《文選》、〈文賦〉，自然也深受此三著作的影響。

一、氣與陽剛

　　羅尚最重視《文心雕龍》，曾特別作〈文心雕龍摘要〉，摘出其重要觀點，首述〈原道〉、〈徵聖〉、〈宗經〉三篇，然後述《文心雕龍·神思》以下二十四篇，即是創作論的部分，以貫徹文之樞紐，認為統合者乃是「氣」。他曾說：

> 《文心》為千古不易之詩文原理。……韓退之論氣曰：「氣猶水也。

〔註88〕見《戎庵詩存》次廿二，頁691。

〔註89〕（邴原）詣安丘孫崧，崧辭曰：「君鄉里鄭君，君知之乎？」原答曰：「然。」崧曰：「鄭君學覽古今，博聞彊識，鉤深致遠，誠學者之師模也。君乃舍之，躡屐千里，所謂以鄭為東家丘者也。君似不知而曰然者，何？」見陳壽撰，裴松之注，楊家駱主編：《新校本三國志·魏書》（台北：鼎文，1995年6月），頁351，注二條。

水大，物之浮者，大小皆浮，氣盛則言之長短，聲之高下，皆宜」；
蘇東坡論物觀曰：「觀物之妙，猶捕風繫影，了然於心者，千萬人不
得一，而況了然於手與口乎？」。葉燮《原詩》曰：「以在我之才識
膽力，以衡在物之事理情，氣以貫之」。上述各家所論，同源於《文
心》。（〈師復詩存校閱記〉）〔註90〕

以《文心雕龍》爲千古不易的詩文原理，後世論氣，同源於此。韓愈〈答李
翊書〉、葉燮《原詩》認爲以強盛的氣勢、語氣貫串全文，不僅可以抒發個人
的情志才識，也創造出自然適宜的音節，若氣勢不連貫，雖有英詞麗藻，爲
編珠綴玉，亦不得爲寶，上一節已說明。

　　然文氣可視爲養氣與行氣的整體呈現，如章學誠〈跋香泉讀書記〉云：
「顧文者，氣之所形，古之能文者，必先養氣，養氣之功，在乎集義。讀書
服古，時有會心，即箚記所見，存於目錄，日有積焉，月有彙焉，久之又久，
充滿流動。然後發爲文辭，浩乎沛然，將有不自識其所以者矣。此則文章家
之所謂集義而養氣也。」〔註91〕直將文章當作是氣的展現，行氣而有文章。
又如蘇文擢曰：「韓愈『氣盛言宜』實本孟子知言養氣及彥和風骨之說而並
言之。蓋養氣以立文章之體，而行氣以盡文章之用。二者誠有相需之妙，而
究不能混同以凝於一。」〔註92〕養氣而後行氣，發爲文辭，說明精詳。

　　蘇軾之言則出自〈與謝民師推官書〉，原文是：「求物之妙，如繫風捕影，
能使是物了然於心者，蓋千萬人而不一遇也。而況能使了然於口與手者乎？
是之謂辭達。」〔註93〕表面上言觀物與辭達，且以辭達爲千古文章之大法，
但實際上仍是論氣之滔滔流行，能暢其意。〔註94〕蘇軾之弟蘇轍也在〈上

〔註90〕見王師復：《師復詩存》（台北：廣華，1987 年 6 月）。
〔註91〕見章學誠：《章學誠遺書》（北京：文物，1985 年 8 月），頁 322。
〔註92〕見蘇文擢：《韓文四論》（香港九龍：蘇文擢自印，1978 年），頁 93。
〔註93〕見蘇軾：《蘇東坡全集》（台北：世界，1982 年 4 月），頁 621。
〔註94〕潘德輿：《養一齋詩話》卷二云：「『辭達而已矣』，千古文章之大法也。東坡
　　　　嘗拈此示人。然以東坡詩文觀之，其所謂達，第取氣之滔滔流行，能暢其意
　　　　而已。孔子之所謂達，不止如是也。蓋達者，理義心術，人事物狀，深微難
　　　　見，而辭能闡之，斯謂之達，達則天地萬物之性情可見矣。此豈易事，而徒
　　　　以滔滔流行之氣當之乎？」見郭紹虞編選，富壽蓀校點：《清詩話續編》（上
　　　　海：上海古籍，1983 年 12 月），頁 2035。曾棗莊主編：《蘇文彙評》（成都：
　　　　四川文藝，2000 年 1 月），頁 97，誤引爲李兆洛之言。潘德輿以爲東坡重氣
　　　　是正確的，但以爲不包含理義心術，人事物狀，顯然偏頗，觀〈刑賞忠厚之
　　　　至論〉可知。

樞密韓太尉書〉中說:「文者,氣之所形。然文不可以學而能,氣可以養而致。」並舉例說明氣在文中的作用,如孟子善養浩然之氣,而使文章「寬厚宏博,充乎天地之間,稱其氣之小大」,太史公行天下,以閱歷養氣,「故其文疏蕩,頗有奇氣」。〔註95〕都發揮了韓愈的論點,而與葉燮之論相似。

　　至於《文心雕龍》的創作觀,的確也重視氣,雖然曹丕於〈典論論文〉中首先提出「文以氣為主」的觀念,但僅以為「氣之清濁有體,不可力強而致」,沒有提到養氣的觀念,而劉勰則窺透此境,著〈養氣〉篇論氣與文思的關係,羅尚曾摘其要:

> 吐納文藝,務在節宣,清和其心,調暢其氣,煩而即舍,勿使壅滯,
> 意得則舒懷以命筆,理伏則投筆以卷懷,逍遙以針勞,談笑以藥勌,
> 常弄閒於才鋒,貫餘於文勇,使刃發如新,腠理無滯。

創作之時,先要澡雪精神,使心靈清明虛靜,其目的正在暢達神氣、文氣,並神與物遊,使平日觀物所得紛紛然來,供筆下驅使。神氣、文氣暢達,則情志襟懷得以藉筆端抒發,沒有壅滯。若心神煩躁,神氣、文氣自然壅滯,又不知以逍遙來休養生息,以談笑來提神,一味鑽研過度,必然神疲氣衰,不能有得。紀昀認為此段話「非惟養氣,實亦涵養文機」,〔註96〕養氣得兼涵養文機,與上文韓愈、章學誠之說,頗相映帶。

　　〈風骨〉說「綴慮裁篇,務盈守氣,剛健既實,輝光乃新」,有了剛健的風骨,才能「捶字堅而難移,結響凝而不滯」。〔註97〕張仁青師認為:「文章須有風骨,風骨由於氣健。」〔註98〕是確實無誤的。羅宗強也說劉勰:「論建安作家,特重其梗概之氣。」〔註99〕從〈風骨〉引曹丕、劉楨的氣說可見。劉勰更由此而論:「夫翬翟備色而翾翥百步,肌豐而力沉也;鷹隼乏采而翰飛戾天,骨勁而氣猛也。文章才力,有似於此。」有了風骨,文采才能鮮明。可見蘇文擢認為韓愈「氣盛言宜」有本於風骨,頗有見地。

　　劉勰在文體論中也頗重氣,如〈雜文〉曰:「宋玉含才,頗亦負俗,始造對問,以申其志,放懷寥廓,氣實使文。」〈書記〉曰:「詳總書體,本在盡

〔註95〕見蘇轍著,曾棗莊、馬德富校點:《欒城集》(上海:上海古籍,1987年3月),頁477。

〔註96〕轉引自劉勰著,周振甫注:《文心雕龍注釋》,頁778。

〔註97〕見劉勰著,周振甫注:《文心雕龍・風骨》,頁553~554。

〔註98〕見張仁青:《魏晉南北朝文學思想史》(台北:文史哲,1978年12月),頁640。

〔註99〕見羅宗強:《魏晉南北朝文學思想史》(北京:中華書局,2002年10月),頁339。

言，言以散鬱陶，託風采，故宜條暢以任氣，優柔以懌懷。」〔註100〕以宋玉的對問體文章〈對楚王問〉爲例，認爲若有超卓的氣勢，則能襟懷開闊、駕馭文采，影響了韓愈的〈進學解〉，及其論氣的觀點。書體本須盡言，以暢情志，故特重「任氣」。這都影響了後世「氣以貫之」的觀點。

　　章學誠在《文史通義・史德》中，雖首要強調心術須正，但也承劉勰、韓愈、蘇軾之論氣，而更加以發揮：

> 蓋事不能無得失是非，一有得失是非，則出入予奪相奮摩矣。奮摩不已，而氣積焉。事不能無盛衰消息，一有盛衰消息，則往復憑弔生流連矣。流連不已，而情深焉。凡文不足以動人，所以動人者，氣也。凡文不足以入人，所以入人者，情也。氣積而文昌，情深而文摯；氣昌而情摯，天下之至文也。……氣得陽剛，而情合陰柔。……文非氣不立，而氣貴於平。……文非情不深，而情貴於正。〔註101〕

要心術得正，就須求氣平情正，氣平情正，才能客觀地觀察事物，深入瞭解事物情狀原委，無偏無頗，不至於害義違道。若能如此，創作主體的氣是否昌盛厚積，情是否深誠懇摯，都將入於文章之中，《禮記・樂記》曰：「情深而文明，氣盛而化神，和順積中而英華發外。」〔註102〕情深氣盛，文章法度就能明朗透析，字句亦整鍊，〔註103〕故情深氣盛爲品評文章的標準。氣如輕浮虛弱，則文不能暢達，流於弛蕩斷續，情若偏溺，則文不能感發，流於激矯驕慢。必當氣昌情摯，才能動人、感人，而爲天下之至文。

　　章學誠尚提及另一重點，即「氣得陽剛，情合陰柔」。將氣與風格結合來看，以氣行的詩人，其詩也偏向陽剛一面，雄渾、清剛、勁健、豪放、曠達，都是其中之要者。羅尚正是以此自評其詩，如〈偶書〉云：

> 家國已破碎，清剛在我詩。後人尊子美，未必重當時。
>
> 丈夫挺風節，高篁撐大荒。天風與海濤，相答聲琅琅。

〔註100〕見劉勰著，周振甫注：《文心雕龍注釋》，頁255，頁484。

〔註101〕見章學誠：《文史通義》（台北：里仁，1984年9月），頁220。

〔註102〕見王夢鷗：《禮記今註今譯》，卷十八，頁508。

〔註103〕黃子雲：《野鴻詩的》五十九條云：「氣鍊則句自煉矣。雕句者有跡，鍊氣者無形。」見丁福保編：《清詩話》，頁859。劉熙載《藝概・詩概》云：「言詩格者必及氣。或疑太煉傷氣，非也。傷氣者，蓋煉辭不煉氣耳。」見《藝概》（台北：漢京，1985年9月），頁82。

聖人有大道，後世不能識。謂是古之玄，吾亦守吾默。〔註104〕

如同杜甫處於安史之亂，羅尚所處的家國也是戰爭頻仍，少年從軍，征戰各地，最後江山易手，逃難至臺灣，只將滿腔怨誹，贏得清剛詩篇。即使如杜甫當年不被重視，但洩導人情，補察時政，仍起了詩史的作用，時至今日，仍可藉由他的詩篇想見當時景況。

以清剛自評，也以此自許。所以強調詩要有大丈夫的氣概，要有高篁支撐大荒的豪邁氣勢，像天風海濤的壯闊雄健，震聾發瞶，劉熙載也說：「詩質要如銅牆鐵壁，氣要如天風海濤。」〔註105〕這天風海濤的氣勢，正是聖人所傳的詩家大道，形象鮮明，氣力萬鈞。即使到七十一之年，豪情壯志依然不減，〈再酬夢機〉中云：

豪傑處世斯軒昂，洞庭雲夢可吞吐。……技癢酬君皆罪言，向來不
作兒女語。〔註106〕

詩作不應有兒女情態，應如豪傑氣吞萬里，胸懷天地，有風雲卷舒之色。縱然雲夢大澤、洞庭一湖，氣勢如此雄偉開闊，「銜遠山，吞長江，浩浩湯湯，橫無際涯」（范仲淹〈岳陽樓記〉），也能氣度軒昂，吞吐自若。又如〈春晚絕句〉云：

看到薔薇稗海春，故園心眼倦遊人。

蒼生不幸詩家幸，天有風雷筆有神。〔註107〕

首二句化用杜牧的詩，本期待「薔薇花謝即歸來」，〔註108〕但國家不幸，征人不得歸，花開春滿雖已幾十度，也只能空留稗海臺灣。飽含家園之思、親子之痛、滄桑之感。後二句化用趙翼〈題遺山詩〉：「國家不幸詩家幸，賦到滄桑句便工。」〔註109〕去除國家的符碼，直接言蒼生，不僅時空擴大，關懷也顯得更深刻、更廣泛、更具有普遍性，蒼生的不幸如急風迅雷的變易，更觸動詩人的心靈，下筆若有神助，文字間飽含深摯的關懷、風雷震撼的氣勢。

羅尚認為即使是寫不幸、悲痛，也應有雄放的氣勢，正如〈詩鐸〉所言：

〔註104〕見《戎庵詩存》次二，頁53。
〔註105〕見劉熙載：《藝概‧詩概》，頁83。
〔註106〕見《戎庵詩存》次二十，頁648～649。
〔註107〕見《戎庵詩存》次十九，頁603。
〔註108〕見杜牧：《樊川文集‧外集》（台北：漢京，1983年11月），〈留贈〉，頁314。
〔註109〕見《甌北詩鈔》。轉引自元好問著，清‧施國祁箋，《元遺山詩集箋注》，頁781。

「意氣未宜輕感慨，潛搜山海鑄雄詞。」〔註110〕不以感慨爲工，寫滄桑變易也不宜輕易流露感慨，最好的作品仍是從壯闊開張的天地山海間，尋其英靈挺拔之氣、物，以鑄雄詞。〈春夜候門擎杯漫與〉中也說得明白：「清剛惆悵今誰是，若有其人首可低。」〔註111〕以屈原、賈誼、劉琨爲例，雖遭逢不幸，而文章亦可富於清拔之氣、慷慨惆悵之音，使人高其格而低首。

羅尚論詩「氣以貫之」，重視清剛、雄邁、壯闊，態度頗爲一致。如〈巷中體詩〉：「詩乃搏風鵬，胡爲剪翮羽。」〔註112〕直以搏扶搖直上九萬里高空之大鵬喻詩，即見其勁健雄邁。此詩論及聲律之用，本爲增強詩的聲威氣勢，使如會稽雷門之鼓，不當反客爲主，限制詩的氣韻、情韻。又如〈和思軒〉：「詩力道心無著處，摩空健翮與風爭。」〔註113〕將無著處的詩力道心，寄於健翮，直上高空、並雲遨翔、與風爭傲，前句氣力較淺，是以神韻派的用筆意味襯托後句的勁拔，由「健」、「爭」突顯其陽剛之氣。和詩受到和韻的限制，本不易剛健，而他仍使氣命詩，誠屬不易。

贈詩教導後輩，也強調應以陽剛之氣爲先，如〈寄莊育華中壢國小陳吾同綠島國小二君能古近體詩〉：「論詩先氣骨，如硯欲研磨。」〔註114〕正如用硯須研磨一樣，學詩、論詩都應以氣骨爲先。又如〈贈墊江蕭曦上校〉：「詩在才識氣骨間，未須文藻作綵繪。」〔註115〕文藻自在才識氣骨間顯現，空逐文藻，總失卻氣骨。〈師範大學南廬吟社眾學士見過〉一詩說得更明白：

> 一篇寄意謝諸子，有志請學高與岑。
>
> 秋風邊塞氣豪壯，玉聲雲骨世所欽。
>
> 日積月累足功力，椀大鐵杵磨成針。〔註116〕

高適、岑參描寫戰場生活、塞外風光、離人心緒，風格豪邁雄壯，而有慷慨之音，殷璠《河嶽英靈集》評高適詩「多胸臆語，兼有氣骨」，岑參詩「語奇體峻，意亦造奇」，〔註117〕元‧辛文房《唐才子傳》稱岑參：「詩調尤高，

〔註110〕見《戎庵詩存》次十一，頁445。
〔註111〕見《戎庵詩存》次十八，頁559。
〔註112〕見《戎庵詩存》次八，頁393。
〔註113〕見《戎庵詩存》次五，頁218。
〔註114〕見《戎庵詩存》次六，頁299。
〔註115〕見《戎庵詩存》次六，頁314。
〔註116〕見《戎庵詩存》次六，頁262～263。
〔註117〕見殷璠：《河嶽英靈集》，卷上，卷中。收入《唐人選唐詩》（台北：河洛，1975年5月），頁77，頁81。

唐興罕見此作。放情山水，故常懷逸念，奇造幽致，所得往往超拔孤秀，度越常情。與高適風骨頗同，讀之令人慷慨懷感。」〔註 118〕葉燮甚至認爲：「高（適）七古爲勝，時見沈雄，時見沖澹，不一色，其沈雄直不減杜甫。」〔註 119〕不僅氣骨高格，沖澹的情懷也超越常情。清・李重華《貞一齋詩說》更認爲適宜初學入手，其云：「至初學入手，求其筆勢穩稱，則王摩詰、高達夫二家，乃正善學唐初者。」〔註 120〕羅尙希望晚輩學詩從高、岑入手，正是學其豪壯、沈雄、玉聲雲骨，浸漬一久，就不會流於嘈雜、藻飾，更不會流於神韻派末流的闃寂弊病。

二、學與禪

羅尙論詩，不僅重視氣骨，也甚爲重視才學、才識，畢竟要有氣骨，也必須有相當的才學、才識支撐。劉勰《文心雕龍・神思》曰：「積學以儲寶，酌理以富才，研閱以窮照，馴致以繹辭。」〔註 121〕就是說：若要能順著情致文思，演繹美妙的文辭，就應於平日準備，除了觀察、體驗生活，斟酌事理，還須多讀書，累積學識。《文心雕龍》從〈原道〉、〈徵聖〉、〈宗經〉論起，就是一大明證。蕭統認爲文章應該「事出於沈思，義歸乎翰藻」，要求翰藻，必然要能自鑄偉詞，但偉詞並不能時時生發，於是就必得藉助於前人典籍，「遊文章之林府，嘉麗藻之彬彬」，〔註 122〕這也就是陸機〈文賦〉說的「頤情志於典墳」的作用，從典籍中不僅可以頤養情志，亦能學習其文章體式、嘉文麗藻。有了廣博的知識學問、深厚的文學修養，自能培育出駕馭語言文字的能力，去描繪具體、生動的意象。若腹儉才粗，創作時必然力不從心。〈詩議〉說：

> 草創之，討論之，修飾之，潤色之，文章之大法，開左國而被萬世。形生勢成，始末相成，外文綺交，內義脈注，文章之大法，上薄邊固，下該杜韓，杜之詩法，即韓之文法。事出於沈思，義歸於翰藻，文章之大法，牢籠《昭明文選》全部各篇詩文。不刊

〔註 118〕見元・辛文房撰，李立朴譯注：《唐才子傳》卷三（台北：臺灣古籍，1997年 11 月），頁 477。
〔註 119〕見葉燮《原詩》卷四，外篇下。收入於丁福保編：《清詩話》，頁 604。
〔註 120〕見清・李重華《貞一齋詩說》第四條。收錄於丁福保編：《清詩話》，頁 925。
〔註 121〕見劉勰著，周振甫注：《文心雕龍注釋》，頁 515。
〔註 122〕見陸機撰，張少康集釋：《文賦集釋》，頁 14。

之大法見在，不勞再立法說法，信口雌黃。此所以名理相因，設
文之體有常。〔註123〕

舉出《左傳》、《國語》、《史記》、《漢書》、杜詩、韓愈文，以爲文章的草創、
討論、修飾、潤色之理，累世不變的大法就在其中，此不變的大法即是《文
選》所標舉的「事出於沈思，義歸乎翰藻」。這也就是《文心雕龍・通變》
中所言的「詩賦書記，名理相因」，「設文之體有常」，〔註124〕各種文體的名
稱、體式，對文字運用的要求，〔註125〕甚至寫作理論，歷代因襲，而有不
變的常格。羅尚曾解釋云：

設文之體有常，變文之數無方。有常者、古體、近體、絕句、律詩、
排律、五古、七古，各有其聲調、法則、氣運，屬於形式方面。無
方者，收攬現實人、事、物、情、理，作爲內容，內容付與形式，
不拘一式一格，文成法立，文隨於意意隨文，心爲之主。〔註126〕

因此學習前人的優秀作品，不僅可習其形式方面的體式、聲調、法則、氣運，
對創作的內容亦能有所助益。他舉出《左傳》等書，僅是前人優秀作品之一、
二，其實經、史、子、集中的好作品，都當在學習之列，甚至現實的人、事、
物、情、理，都可以化爲自己的創作源泉。

《文選》本集漢、魏、晉優異之作，爲「辭章之圭臬，集部之準繩」，
〔註127〕其中所有作品，都可爲學習者的表率，杜甫在〈宗武生日〉中面命
其子：「詩是吾家事，人傳世上情。熟精文選理，休覓綵衣輕。」〔註128〕
作詩應當精熟《文選》，深契其理，才眞能傳述世情，並富有藝術感。羅尚
〈師復詩存校閱記〉言：「昭明選文原則與文學觀念，曰必事出沈思，義歸
藻翰（按：應作「翰藻」）。杜甫自謂，其精熟文選理，即此兩語。」〔註129〕
又認爲此二語在《文心雕龍・章句》中則爲「外文綺交，內義脈注」，情趣
所歸，而爲文章不刊之大法。張戒《歲寒堂詩話》說：「子美不獨教子，其

〔註123〕見《嶺雅》（香港：鳴社），24期，頁85。收入《戎庵詩存》附錄，頁755。
〔註124〕見劉勰著，周振甫注：《文心雕龍注釋》，頁569。
〔註125〕曹丕《典論・論文》：「夫文本同而末異，蓋奏議宜雅，書論宜理，銘誄尚
　　　　實，詩賦欲麗。」這就是說明文章名稱、體式不同，造成文字運用、要求
　　　　也不同。
〔註126〕見羅尚：《古典詩形式說》（自印本），頁69。
〔註127〕見章學誠：《文史通義》，頁82。
〔註128〕見仇兆鰲：《杜詩詳注》，頁1477～1478。
〔註129〕見王師復：《師復詩存》（台北：廣華，1987年6月）。

作詩乃自《文選》中來，大抵宏麗語也。」〔註 130〕顯然張戒早看到了杜甫
精熟《文選》的成就，但只從宏麗語上看，顯然不足。羅尙的觀照則較爲全
面，他從籠罩《文選》全部篇章的大法「事出於沈思，義歸乎翰藻」中，看
出文法等於詩法，故言「杜之詩法，韓之文法也」。

　　「杜之詩法，韓之文法也。」〔註 131〕語出陳後山，顯然陳氏看到了杜
甫詩法中隱含有文法，但他不知道杜甫的詩法，其實正從《文選》中來，也
因爲從《文選》中來，所以杜甫的詩法自有文法的體式、結構，而這文法的
體式、結構也貫穿於韓愈的作品。袁枚說：「唐以前，未有不精熟《文選》
理者，不獨杜少陵也。韓、柳兩家文字，其濃厚處，俱從此出。」〔註 132〕
劉熙載亦云：「韓文起八代之衰，實集八代之成。蓋惟善用古者能變古，以
無所不包，故能無所不掃也。」〔註 133〕說韓文實集八代之成，則兼集《文
選》之理，二家之說正可爲「杜之詩法，即韓之文法」下一註腳。宋人從歐
陽修倡學韓文後，韓文成爲學習典範，可以說唐宋八大家之作，其法式多直
接、間接由《文選》中來。可見羅尙以《文選》理涵蓋杜韓，誠是卓識。

　　再者，陳氏之論乃以爲詩文各有體，韓以文爲詩，杜以詩爲文，故不
工。但宋・陳善《捫蝨新話》從另一面提出更圓達的看法，其云：

> 韓以文爲詩，杜以詩爲文，世傳以爲戲。然文中要自有詩，詩中要
> 自有文，亦相生法也。文中有詩，則句語精確，詩中有文，則詞調
> 流暢。謝玄暉曰：「好詩圓美流轉如彈丸。」此所謂詩中有文也。唐
> 子西曰：「古文雖不用偶儷，而散句之中，暗有聲調，步驟馳騁，亦
> 有節奏。」此所謂文中有詩也。觀子美到夔州以後詩，簡易純熟，
> 無斧鑿痕，信是如彈丸矣。〔註 134〕

傳世的杜文不多，誠然亦非上等，然韓詩則氣勢雄偉，不可謂不佳，而杜詩、

〔註 130〕見張戒：《歲寒堂詩話》卷上。收入丁福保輯：《歷代詩話續編》（台北：木鐸，
　　　　　1988 年 8 月），頁 456。
〔註 131〕《後山詩話》載：「黃魯直云：『杜之詩法出審言，句法出庾信，但過之爾。』
　　　　　杜之詩法，韓之文法也。詩文各有體，韓以文爲詩，杜以詩爲文，故不工爾。」
　　　　　因斷句的不同，故有人以爲是黃庭堅（魯直）的說法。見《文淵閣四庫全書》
　　　　　1478 冊，頁 281。
〔註 132〕見袁枚：《隨園詩話》（台北：漢京，1984 年 2 月），卷七，頁 217。
〔註 133〕見劉熙載：《藝概・文概》，頁 20〜21。
〔註 134〕見宋・蔡夢弼集錄：《杜工部草堂詩話》。收入丁福保輯：《歷代詩話續編》，
　　　　　頁 199，頁 205〜206。

韓文的成就有目共睹。韓文氣勢超拔，其言之短長，聲之高下，甚爲相宜，可謂文中有詩；杜詩章法篇法由《文選》來，句法則由章法篇法來，〔註135〕情思曲折，吐辭婉轉，詞調聲律流暢，圓美流轉如彈丸，可謂詩中有文。詩文之法相生，信不可誣。

羅尚還在〈詩議〉中從形式須要內容充實的角度論博習之效，他說：

> 完美之形式，有待於充實之內容。所謂藝術彌綸，名言運用，各各合於體制聲律格調，實際上是書卷彌綸，書卷運用，使得各各合於體制聲律格調，則積學以儲寶，讀書破萬卷之效也。無內容，無書卷，藝術莫由附麗於形式。

從群經子史學習更深廣的義理、強勁渾厚的神氣，並體制聲律格調，一旦能精熟，深契其理，從事創作，則能有完美的形式、內容，而爲優秀的藝術作品。若僅憑個人才情，恐不能常得。李沂《秋星閣詩話》云：「讀書非爲詩也，而學詩不可不讀書。詩須識高，而非讀書則識不高；詩須力厚，而非讀書則力不厚；詩須學富，而非讀書則學不富。」〔註136〕正說明創作須有識、有氣力，然要養識、養氣力，就須多讀書、多學。

羅尚詩中亦多勸人要重學，要多讀書，如〈廣遺山論詩〉：

> 萬卷攻書筆出神，金針度與有情人。
>
> 茫茫墮緒雲龍逐，萬一昭回已逝春。
>
> 有徵於聖遠於思，索象通神更勿疑。
>
> 千載知音才一遇，人生必到後天期。〔註137〕

直以杜詩「讀書破萬卷，下筆如有神」（〈奉贈韋左丞丈二十二韻〉）爲法，強調作詩文的秘訣正在於此，應當多學習前人優秀作品，才能啓發神思，思接千載，視通萬里。他甚至引西哲亞理士多德之言說：「凡是可以想像的，都是記憶中的東西，這就是中國人講的要讀書，沒有讀書就什麼都不用談。」〔註138〕即使才高，也要勤讀，方能索象通神，〈答吾同仁弟綠島〉云：

〔註135〕劉熙載云：「少陵〈記高達夫詩〉云：『佳句法如何？』可見句之宜有法矣。然欲定句法，其消息未有不從章法篇法來者。」見《藝概·詩概》，頁78。

〔註136〕見李沂：《秋星閣詩話》，〈勉讀書〉一條。收錄於丁福保編：《清詩話》，頁915。

〔註137〕見《戎庵詩存》次廿三，頁710。

〔註138〕亞里士多德言：「記憶和想像屬於心靈的同一部分。一切可以想像的東西本質上都是記憶裡的東西。」引自於《論形象思維》，頁10。

> 螢童進學禮先生，莫嘆才高誤舌耕。
>
> 大海波濤吞八九，他年詩力敵奔鯨。〔註139〕

以大海波濤喻學識書本，不能因爲有才就廢讀，有才更需要勤讀，吸收了大部分優秀作品的養分之後，詩力必有奔鯨破浪之勢。鄭板橋〈與江賓谷、江禹九書〉曰：「讀書深，養氣足，恢恢游刃有餘地矣。」〔註140〕提倡神韻的王士禎也說：「學力深，始能見性情。若不多讀書，多貫穿，而遽言性情，則開後學油腔滑調、信口成章之惡習矣。」〔註141〕甚至連提倡性靈的袁枚也說：「後之人未有不學古人而能爲詩者也。」又說：「萬卷山積，一篇吟成。詩之與書，有情無情。鐘鼓非樂，捨之何鳴！……曰不關學，終非正聲。」〔註142〕可見清代詩家並不因詩派的不同而不重視積學儲寶之功，羅尚〈和椒原題堪白爲心波先生寫青芍藥韻〉則直言：「鄴侯插架三萬軸，知以經史參訏謨。」〈和高去帆獨坐感詩壇現況〉云：「胸中筆下無書卷，碧海鯨魚不受擒。」〔註143〕可見重視博習、積學儲寶，確是學詩的法要。

羅尚對不重學習，不積學儲寶，只憑個人才氣、性情作詩之輩，也提出強烈批判，如〈再酬夢機〉：

> 昔年擁立詩七賢，曹劉顏謝鮑徐庾。
>
> 顧視乾號濕哭輩，不信文章有規矩。
>
> 未能儲寶抽神思，螳臂要發千鈞弩。
>
> 二百年後必訕笑，天缺東南尚未補。
>
> 釣世盲聾天下人，惟己是聞毒瑜盡。
>
> 文區八體非一途，要不可爲獸率舞。〔註144〕

《文心雕龍・體性》區分文體爲八，雖然對新奇、輕靡隱含微詞，終也列入八體，顯見文非一途。但不積學儲寶，就如同螳臂要發千鈞之弩，決不可能成功，只會落得「乾號濕哭」、「獸率舞」之境。與前人所立的七賢有天壤之別，亦與元稹、白居易的淺白不同。

〈詩鐸〉曰：「白俗元輕傳世久，意稱文逮近人情。」〈辛未正月所得詩〉

〔註139〕見《戎庵詩存》次六，頁250。

〔註140〕見鄭燮：《鄭板橋集》（台北：漢京，1982年11月），頁202。

〔註141〕見王士禎：《帶經堂詩話》（台北：廣文，1971年11月），卷二十九。頁1。

〔註142〕見袁枚：《隨園詩話》卷二，頁49。袁枚：《續詩品・博習》，見袁枚，司空圖合著：《詩品集解》（台北：清流，1972年3月），頁147。

〔註143〕見《戎庵詩存》次七，頁361～362。次二十，頁646。

〔註144〕見《戎庵詩存》次二十，頁648～649。

曰：「淺語香山疑可學，本來長慶占高名。」〔註145〕雖然世傳元輕白俗，但畢竟元、白學問根柢深厚，其詩能夠意稱文逮，藝術形象鮮明，也在長慶時期享有盛名，葉燮說：「元稹作意勝於白（居易），不及白春容暇豫。白俚俗處而雅亦在其中，終非庸近可擬。」又說：「其（白居易）五言排律，屬對精緊，使事嚴切，章法變化中，條理井然，讀之使人惟恐其竟，杜甫後不多得者。」〔註146〕可見元、白之作絕不同於沒有書卷、率爾爲之的作品，未可輕議。

故面對今日「乾號濕哭」、「獸率舞」之輩，羅尚強調積學儲寶，實有強烈的現實意義，不當輕忽以對。

當然羅尚很清楚，光是讀書、做功夫，不一定就能有所成就，還必須能圓融學識、情景，才能有好的創作，〈心電圖作業中瞬間得意奪醫師筆錄之〉曰：

> 讀書以悟道，爲學能養詩。雖云欠聰明，聊勝呆木雞。
>
> 巍巍靈鷲山，微笑拈花時。突然得圓融，念茲心在茲。〔註147〕

爲學讀書，以求詩作義蘊深沈、辭氣浩蕩、詞采華贍，即使沒有才氣，無法寫出好詩，也還有點書卷味，勝過不知文成規矩、惟己是聞、僅憑個人才情的作家。

羅尚此處也將讀書爲學、博習與禪家求悟的工夫合併討論，認爲學問功夫深厚，自有得其圓融之時，一旦圓融，則萬象如波瀾湧至，皆能運用流暢，出於情理天然。將博習與禪悟工夫相提並論，這在前人是較少提到的，〈辛未正月所得詩〉又云：

> 四十年來苦學詩，觀河鬢影不曾移。
>
> 少陵百韻終禪覺，迦葉原來是本師。〔註148〕

後二句源自杜甫〈秋日夔府詠懷奉寄鄭監（審）李賓客（之芳）一百韻〉，其言：「身許雙峰寺，門求七祖禪。落帆追宿昔，衣褐向眞詮。……本自依迦葉。」〔註149〕雙峰寺，應指六祖慧能駐錫的曹溪寶林寺，既歸心南宗，欲求七祖禪，必當求於六祖，故此雙峰寺爲曹溪寶林寺，而非五祖弘忍駐錫

〔註145〕見《戎庵詩存》次十一，頁445。次十八，頁557。
〔註146〕見葉燮《原詩》卷四，外篇下。收入於丁福保編：《清詩話》，頁604。
〔註147〕見《戎庵詩存》次十八，頁567。
〔註148〕見《戎庵詩存》次十八，頁557。
〔註149〕見仇兆鰲：《杜詩詳注》，頁1713～1715。

的雙峰山東山寺。迦葉為禪宗初祖，相傳世尊有次在靈山會上說法，拈花示眾，默然不語，眾人不知何故，面面相覷，唯迦葉尊者會心一笑，世尊即曰：「吾以清靜法眼，涅槃妙心，實相無相，微妙正法，將付於汝，汝當護持。」而教外別傳，為禪宗初祖。〔註150〕此詩贈人兼詠懷，故述自身懷抱如是。以迦葉為本師，心向禪宗，難怪羅尚稱此百韻之作「終禪覺」，終是由禪發悟。

　　以杜甫的博聞，豐富閱歷，卻歸宗於禪，則顯然禪與學本無斷隔。羅尚亦如是，四十年苦學詩，像大禹臨河得圖，終有所感悟，〈感遇社課〉即曰：

　　　　格物而致知，頓漸同一術。文心即禪心，立斷或宛詰。

　　　　耳目見聞緣，風影可繫捉。〔註151〕

錢鍾書說：「夫『悟』而曰『妙』，未必一蹴即至也；乃博采而有所通，力索而有所入也。」〔註152〕清初理學家陸世儀也說：「凡體驗有得處，皆是悟。只是古人不喚作悟，喚作物格知至。」又云：「人性中皆有悟，必工夫不斷，悟頭始出。如石中皆有火，必敲擊不已，火光始現。然得火不難，得火之後，須承之以艾，繼之以油，然後火可以不滅。得悟亦不難，悟之後須繼之以躬行，深之以學問，然後悟可以常繼。」〔註153〕陸世儀所指雖然不是為文工夫，但格物致知，頓漸同一的意義卻相同。博習探義就是漸修，漸修深密才能物格知至，才有所悟，這是為文的基本工夫。

　　學禪亦須工夫累積，漸修頓悟結合一起、無有分別、無有廢滯，才能有所成就，唐・香嚴智閑云：「去年貧，未是貧；今年貧，始是貧。去年貧，無卓錐之地，今年貧，錐也無。」〔註154〕《五燈會元》卷二亦載六祖慧能回答荷澤神會之問，曰：「聽法頓中漸，悟法漸中頓。修行頓中漸，證果漸中頓。」〔註155〕漸修聽法乃是為頓悟證果而準備，頓悟證果則是漸修聽法

〔註150〕語見宋・釋道原編著：《景德傳燈錄》（台北：新文豐，1986年4月），頁17。
　　　　清・瞿汝稷編集的《指月錄》語句不同，言：「吾有正法眼藏，涅槃妙心，實相無相，微妙法門，不立文字，教外別傳，付囑摩訶迦葉。」見《指月錄》（台北：新文豐，1980年10月），頁24。
〔註151〕見《戎庵詩存》次十三，頁467。
〔註152〕見錢鍾書：《談藝錄》（台北：書林，1988年11月），頁98。
〔註153〕見陸世儀：《思辨錄輯要》卷三（台北：廣文，1977年12月），頁77～78。
〔註154〕見宋・釋道原編著：《景德傳燈錄》，頁193。《指月錄》所載較常見，云：「去年貧，未是貧；今年貧，始是貧。去年貧，猶有卓錐之地，今年貧，錐也無。」頁，243。
〔註155〕見宋・釋普濟：《五燈會元》（台北：文津，1991年4月），頁102～103。

的成就，心性光潔不變，而修行工夫可加深。《六祖壇經》載六祖之言較爲直截，曰：「本來正教，無有頓漸，人性自有利鈍。迷人漸修，悟人頓契。自識本心，自見本性，即無差別；所以立頓漸之假名。」又曰：「法無頓漸；人有利鈍，故名頓漸。」〔註156〕都說明正教本不分頓漸，若能自見本性，即無差別。但事實上人多不能免去漸修的工夫，即大智如香嚴智閑，亦不能躐等，只有漸修工夫紮實了，才能自識本心，自見本性。爲文亦如是，博習探義足，則揮筆立就，只要耳聞目見，即使風影亦可繫捉如畫圖；功夫累積深，則風影亦皆如禪心朗現，索象通神，浩瀚靜遠。所以文心即禪心，爲文之法，可爲學禪之法，皆從格物致知來，本無頓漸之分。

羅尚在〈詩議〉中進一步剖析，從神理言禪與詩的異同：

> 禪是詩家切玉刀，理爲神御。詩禪神理同，玄解不同。迦葉原是婆羅門智者皈佛，大慧超悟，微笑拈花，見而覺知。慧能則不識字，而天生佛性，聽人誦偈，聞而覺知。由此觀之，禪與文字無關。得禪是得實相，實相無相，不可以形名得，不可以有心知。然而世尊以法語三句，當眾付囑迦葉，使爲禪宗初祖，教外別傳。此後三十二祖，凡得法傳衣之際，必付一偈。由此觀之，禪與文字有關。詩則全則文字。然佳作之妙，與文字無關。司空圖《詩品》有云：「不著一字，盡得風流。是有眞宰，與之浮沈。」不知所以神而自神，象外之象，在語言文字之外。詩禪神理同，在於禪不在文字，不離文字。詩不離文字，不在文字。

所謂玄解不同，是指其傳達方式有異，禪的傳達乃是實相無相，全憑心意所會，是「以心印心」，而詩的傳達，則全憑文字，沒有文字，即無法傳達詩意。但詩禪神理同，乃因詩可傳達高妙、言外不盡之意，雖有文字而不落言詮，以神理契合於禪，禪雖實相而無相，但既有法語、偈言相傳，也就表明了能以文字表現無相之禪意，而禪意仍在文字之外，元好問〈答俊書記學詩〉即言：「詩爲禪客添花錦，禪是詩家切玉刀。心地待渠明白了，百篇吾不惜眉毛。」〔註157〕詩人若能深契禪意，施之文字，則無往不是天光乍現，靈

〔註156〕見李中華注譯：《新譯六祖壇經》（台北：三民，1997年11月），〈定慧品〉，頁93，〈頓漸品〉，頁180。

〔註157〕見紀念元好問八百年誕辰學術研討會籌備會編印：《元好問研究資料彙編》（台北：行政院文化建設委員會，1990年12月），頁651。兩見「詩爲禪客添花錦，禪是詩家切玉刀。」一在〈㝢和尚頌序〉，頁1038。

玉秀出。

「不著一字，盡得風流。是有眞宰，與之浮沈。」語出於司空圖《詩品·含蓄》，然而詩與禪的契合不應僅止於含蓄的風格，司空圖在同偏於柔、淡風格的〈沖淡〉中云：「遇之匪深，即之愈希。」〈纖穠〉云：「采采流水，蓬蓬遠春。」都能表現出與禪意契合的精神。甚至於偏向陽剛風格者，也頗能傳達此境，如〈沈著〉的「如有佳語，大河前橫」，〈高古〉的「月初東斗，好風相從」，〈雄渾〉的「具備萬物，橫絕太空。荒荒油雲，寥寥長風」，〈勁健〉的「天與地立，神化攸同」，〈豪放〉的「天風浪浪，海山蒼蒼」，[註158] 無一不是可與禪意相契合者。可見詩禪可否契合，端看作者神氣體現，若能從博習廣學中提煉昇華，未嘗不可得其環中，以應無窮，〈三疊韻酬藥樓自況見及韻〉曰：

> 見說尋詩不可尋，得來多半是無心。
> 鋪辭結響隨緣會，用事鎔裁絕苦吟。
> 山寺幾叢蕉葉大，暮天千里火雲深。
> 平常語藻能清健，祕訣攻書惜寸陰。[註159]

學問之功不在於爲文造情，畢竟特意尋詩，往往不可得，常常是在無心無相，毋意毋必，境與神緣會之時，乃得詩境、禪意。於是通神索象，平時博習所得都隨神氣運用，所有書卷都供鎔裁，鋪辭結響，絕去苦吟，即使平常無奇的語藻，都因意稱文逮、神氣暢達而能清新剛健，耐人尋味。如詩中五、六兩句，有丈夫氣象。又如王維〈使至塞上〉：「大漠孤煙直，長河落日圓。」[註160] 平常語藻，卻一樣渾厚剛健。

雖然博習勤讀可以養詩，但也應注意學習方向有無偏差，羅尙亦頗提點後學，如〈師範大學南廬吟社眾學士見過〉：

> 李仙杜聖極嚮往，韓潮蘇海難追尋。
> 三年辛苦得二句，賈島號哭求知音。
> 嗚呼斯事正未易，爬羅揀取沙中金。
> 一朝開悟得自在，歡喜踴躍懷璆琳。

〔註158〕見司空圖，袁枚著，佚名集解：《詩品集解》（台北：清流，1972 年 3 月），頁 3～24。
〔註159〕見《戎庵詩存》次廿七，頁 735。
〔註160〕見王維撰，清·趙松谷箋註：《王右丞集箋註》（台北：廣文，1977 年 12 月），326～327。

下筆千言可立待，郢匠運斧風生襟。

機鋒翻水更無礙，晨雞一唱掀重陰。

出語驚人氣蓋世，所慮物欲交相侵。

群鴉據樹恣狂叫，謠啄娥眉為善淫。

吹竽擊筑異嗜好，解慍誰聽南薰琴。

致以西學範中學，必導巨浸歸蹄涔。

或者食古髓不化，是皆偏執非公心。

眼前當務大悲憫，結願挽起詩國沈。

藝文可觀亦餘事，棲身無地棲詞林。

傳法解惑不在我，讀書違眾兼違今。〔註161〕

李白、杜甫、韓愈、蘇東坡才力天生，其詩作的廣闊雄偉、氣勢磅礡雖令人嚮往，然畢竟不易企及，學者絕不可造作氣力，而流於狂呼吶喊，但博習勤讀，自有所得。積學儲寶足，圓融開悟之際，則萬象畢來，供筆端驅使，豈如賈島之徒，苦吟三年，才得「獨行潭底影，數息樹邊身」二句？〔註162〕一旦讀書有成，得其精神、精華而去其糟粕，必能下筆千言，有如郢匠運斤成風，〔註163〕機鋒翻水無礙，又如晨雞高唱，掀去重陰。〈酬香港何遯翁惠稿〉亦曰：「萬怪爭來赴筆頭，指揮若定武鄉侯。不關書卷關何事，一笑滄浪可以休。」〔註164〕正是此意，也駁斥了嚴羽所謂：「詩有別材，非關書也。」〔註165〕認為詩雖有「神明妙悟，不專學問」之處，〔註166〕但妙悟實由「讀書破萬卷」而來，非關書，絕不可能，且詩要工、要能指揮若定，非積學讀書不可，〔註167〕因此讀書、積學儲寶至關重要。

〔註161〕見《戎庵詩存》次六，頁262～263。

〔註162〕語見賈島〈送無可上人〉，其自注（島吟成「獨行潭底影，數息樹邊身」二句下，註此一絕）：「二句三年得，一吟雙淚流。知音如不賞，歸臥故山秋。」見賈島撰，李建崑校注：《賈島詩集校注》（台北：里仁，2002年12月），頁100。

〔註163〕《莊子·徐無鬼》：「郢人堊慢其鼻端若蠅翼，使匠石斲之。匠石運斤成風，聽而斲之，盡堊而鼻不傷，郢人立不失容。」見郭慶藩編，王孝魚整理：《莊子集釋》（台北：國文天地，1991年10月），頁843。

〔註164〕見《戎庵詩存》次十四，頁494～495。

〔註165〕見嚴羽著，郭紹虞校釋：《滄浪詩話校釋》，頁26。嚴羽所論，意在批評宋人「以文字為詩，以才學為詩，以議論為詩」，有救時弊之意，並非廢書、廢學，由「非多讀書，多窮理，則不能極其至」可知。

〔註166〕見沈德潛著，蘇文擢詮評：《說詩晬語詮評》，頁457～458。

〔註167〕蘇文擢說：「求詩之工，必由積學讀書。」見沈德潛著，蘇文擢詮評：《說詩

　　再者，物慾交相侵擾，都可能讓人迷失學習方向。一是他人惡意的批評，「謠啄娥眉爲善淫」是用〈離騷〉的典故「眾女嫉余之蛾眉兮，謠諑謂余以善淫」，〔註168〕將美好的修飾曲解爲淫惡，這往往起因於不讀書之過，而對典雅辭藻、典故不解，或嫉妒其才華。「讀書違眾兼違今」就以反語立說，本極爲沈痛，而以平恕語出之。二是不走向消除怨怒，卻走向刻意造作的悲號，或互相吹捧的異途。擊筑，本指悲歌慷慨的燕趙豪俠之風，此處藉指「乾號濕哭」；吹竽，本指濫竽充數，此處引申爲互相吹捧。「南薰琴」是引《孔子家語・辯樂》的典故，傳說舜彈五絃之琴，造南風之詩，以解民慍，化育和煦民風。〔註169〕三是以西學規範中學，追求新異，以立名聲，僅以西方的思想體系來範圍、研究東方傳統的作品，雖然可能聲名鵲起，但往往得其皮而遺其骨，失卻詩歌的精義，亦使巨川高才化爲小器庸才。羅尙並不反對中西相貫通，觀〈詩議〉一文屢引西方思想爲證可知，但要貫通中西，就應從內涵相同處貫通，不能硬以西學規範中學，也不當硬以中學規範西學，硬加規範，必兩相傷害。四是食古不化，落入故紙堆中，不能習得前人的器識、才學，不能掌握現今時代的脈動、精神風貌而自出機杼，當然沒有個人的情性、且遠於風騷。這些都是學者應當避免的錯誤。

　　羅尙重視博習，又將博習與禪悟之理等同起來，以見學者的不足，可謂深得三昧。

三、學詩淵源

　　重視博習，從典籍中習取英華，自然也應當注重師學的對象、源流方法，所謂「入門須正，立志須高」，「學其上，僅得其中；學其中，斯爲下矣」〔註170〕。羅尙〈戲爲絕句〉亦曰：

　　　　格力崇卑在所師，成家不復更規規。

　　　　操觚走石揚沙輩，古雅精純兩不知。〔註171〕

詩家的格力崇卑，從其所詩法的對象中即可見端倪，從學習命意用筆、體制

　　　　　晬語詮評》，頁459。
〔註168〕見洪興祖：《楚辭補注》，頁14～15。
〔註169〕見王肅：《孔子家語》卷八（台北：臺灣商務，1979年），頁89。
〔註170〕見嚴羽著，郭紹虞校釋：《滄浪詩話校釋》（台北：里仁，1987年4月），頁1。
〔註171〕見《戎庵詩存》次九，頁410。

規模，各種規矩，一旦習得精華，學有所成，則「凡心淨盡道心生」，能以膽識氣力、深厚的學養根基開創新局，運用之妙，存乎一心，而規矩法度自在其中，獨立成家。若前無所承、詩法的對象不是古雅、精純之輩，則容易流於俳諧怒罵、鬼畫符之流。

因此，除了秦、漢以前典籍外，羅尚亦從唐人之風，推崇《文選》，上文已說明。〈次韻答曾文新論詩〉詩中，復推重〈文賦〉、《文心雕龍》，以說明學習的源流：

> 文賦與文心，詞人必欲至。漢魏百三家，源流探甚易。
>
> 含英韻府類，不足秣良驥。明道以宗經，庶通古今誼。
>
> 春秋必損文，尚書則寡事。所貴在詞達，亦無繁簡異。〔註172〕

探討源流，必及於《文心雕龍》、〈文賦〉，二者論為文之法式甚精，《文心雕龍》更是體大思精之作。駱鴻凱云：「唐以前論文之篇，自劉彥和《文心》而外，簡要精切，未有過於士衡〈文賦〉者。顧彥和之作，意在益後生。士衡之作，意在述先藻。又彥和以論為體，故提綱疏目，條秩分明。士衡以賦為體，故略細明鉅，辭約旨隱。要之言文之用心莫深於〈文賦〉，陳文之法式莫備於《文心》，二者固莫能偏廢也。」〔註173〕則欲為詞人，捨二家別無良徑。

此外，由明‧張溥所編輯的《漢魏六朝百三名家集》也是足資檢核的重要書籍。雖然此書「卷帙既繁，不免務得貪多，失於限斷。編錄亦往往無法，考證亦往往未明」，但元元本本，「以文隸人，以人隸代，唐以前作者遺篇，一一略見其梗概」。〔註174〕起於漢‧賈誼《賈長沙集》，終於隋‧薛道衡《薛司隸集》。若欲沿波討源，甚為便利，亦可補《文選》之遺珠。

當然，六朝文風偏向綺麗，批評者眾，如陳子昂與東方左史虯〈修竹篇〉序說：「漢、魏風骨，晉宋莫傳。……齊、梁間詩，采麗競繁，而興寄都絕。」〔註175〕李白曰：「自從建安來，綺麗不足珍。」〔註176〕陳子昂、李白的成就遠高於齊、梁之詩，自可如此評說，但後人難以企及，應實事求是。

〔註172〕見《戎庵詩存》次七，頁352。

〔註173〕見駱鴻凱：《文選學》（台北：漢京，1982年10月），頁461。

〔註174〕見永瑢，紀昀等撰：《四庫全書總目提要》（台北：臺灣商務，1985年5月），頁4212。

〔註175〕見陳子昂：《陳子昂集》（台北：世界，1964年2月），頁15。

〔註176〕見李白著，瞿蛻園等校注：《李白集校注‧古風（其一）》（台北：里仁，1981年3月），頁91。

　　首先，六朝在聲律、文采上創製的成就斐然，影響唐代詩律的形成，早有定論，不可輕薄。再者，劉勰〈論說〉中說此時：「師心獨見，鋒穎精密。」頗重視其論文思理的成就，〈物色〉亦稱此時：「文貴形似，窺情風景之上，鑽貌草木之中。吟詠所發，志惟深遠；體物爲妙，功在密附。」〔註177〕雖然巧構形似，而實則情志深遠，使人高情遠引，頓忘塵囂，成爲後人摹山範水的準則。駱鴻凱說：「『體物爲妙，功在密附』數語，劉氏雖以此評當時，實亦寫景者所當奉爲準則也。蓋物態萬殊，時序屢變，摛辭之士所貴憑其精密之心，以寫當前之境，庶閱者於字句間悠然心領，若深入其境焉。如此則藻不徒抒，而景以文顯矣；不則狀甲方之景，可移乙地；摹春日之色，或似秋容。勦襲雷同，徒增厭苦，雖爛若縟繡亦何用哉？」〔註178〕可見劉勰對六朝作品非全然否定，實不可輕忽。羅尙〈偶題〉即言：「劉勰用心如日月，後人何恃薄齊梁。」〔註179〕杜甫〈戲爲六絕句〉亦云「庾信文章老更成，凌雲健筆意縱橫」，評價染有六朝文風的初唐四傑「龍文虎脊皆君馭」，「不廢江河萬古流」，又云「不薄今人愛古人，清詞麗句必爲鄰」，〔註180〕顯然杜甫亦認爲齊、梁以來悉在可師之列，〔註181〕並不因其綺麗之風而偏廢。後人輕薄齊、梁，不能轉而益己，實爲可惜。

　　至於《含英韻府》諸類書，雖羅列詞藻、諸事典故，但僅有便於查詢用事的功能，至於鈔輯陋略，自不在話下，既不能綜觀文章全貌，又不能讓人體會作品精義，實失卻爲文的法式，對於高才大力者來說，甚至是一種殘害，使其困於淺灘殿牢，不能化爲神駒、大鵬，奔馳千里，怒風邀翔於九霄之上。

　　至於原道宗經，則求通古而知今，知其義，知其變，以使文辭明朗暢達，充分表現作者的情志。羅尙亦甚重視史書，蓋讀史以練識，以通古今之變，故熟習《春秋》、《尙書》，此外，並讀四史、《宋史紀事本末》、《通鑑紀事本末》，尤熟習《史記》，〔註182〕以資詩材。

　　唐代以來，羅尙認爲成就極高者有唐的李白、杜甫、白居易、韓愈、李

〔註177〕見劉勰著，周振甫注：《文心雕龍注釋》，頁384，頁846。
〔註178〕駱鴻凱之說引自劉勰撰，詹鍈義證：《文心雕龍義證》（上海：上海古籍，1989年8月），頁1749。
〔註179〕見《戎庵詩存》次廿一，頁663。
〔註180〕見杜甫著，仇兆鰲詳注：《杜詩詳注》，頁898～901。
〔註181〕參見郭紹虞解箋：《杜甫戲爲六絕句集解》（台北：木鐸，1988年9月），頁16。
〔註182〕見第二章生平大要頁5。

商隱、杜牧、溫庭筠，宋的蘇軾、陸游，金的元好問，清的龔自珍，但學者
則可宗杜甫、白居易、李商隱，〈題山近樓集〉曰：

> 三別三吏杜子美，大慚大好韓退之。
> 別裁新舊雅俗體，明者不授學不師。
> 聲牙佶屈幾人到，哀音綿麗尤難規。
> 少陵一變是白傅，歸宗又得李玉溪。
> 白傅諷喻志兼濟，玉溪獨善情善移。
> 三家已可概後代，陳黃孰不求皈依。〔註183〕

「三吏」〈新安吏〉、〈石壕吏〉、〈潼關吏〉，「三別」〈新婚別〉、〈無家別〉、〈垂
老別〉，是杜甫關懷家國殘敗、民生疾苦的名作，寫得深刻哀感，哀音綿麗
即指此。大慚大好乃指不欲爲俗下文字，以博時譽，韓愈〈與馮宿論文書〉
曰：「僕爲文久，每自則意中以爲好，則人必以爲惡矣。小稱意人亦小怪之，
大稱意即人必大怪之也。時時應事作俗下文字，下筆令人慚。及示人，則人
以爲好矣。小慚者亦蒙謂之小好，大慚者即必以爲大好矣。」〔註184〕韓愈之
作寄託深遠，不同流俗，硬語橫空，詰屈聲牙即指此。杜甫之變爲白居易，
樂天之作平易近情，又提倡新樂府運動，強調「文章合爲時而著，歌詩合爲
事而作」，自謂「志在兼濟」，所爲諷諭詩，即是兼濟之志的展現。〔註185〕而
後李商隱，善於託喻情感，以比興呈現凌雲萬丈的襟懷，如〈無題〉諸詩、
〈夜雨寄北〉等，情意眞摯綿邈，是不可多得的瑰寶，其詠物諸作如〈蟬〉，
物我合一，而兼諷怨，其〈杜工部蜀中離群〉、〈安定城樓〉、〈夜飲〉等，託
興深遠，入杜甫之藩籬，在本章第一節已說明。

羅尚以三家概後代，正是從關懷民生、託興諷諭立論，而兼及比興的藝
術技巧，後人學詩也的確多由此三家入手，如江西詩派就是師法杜甫，宋初
楊億、錢惟演提倡的西崑體，就是效法李義山，陸放翁則兼學杜甫、白居易，
雖作者各立風骨，也不離此範疇。〈辛未仲春所得詩〉又說：

> 李杜巉高數仞牆，微之白傅倚門望？
> 李溫自鄶眞夸矣，務觀論詩太渾茫。〔註186〕

這是對陸游意見的翻案，放翁〈示子遹〉曰：「數仞李杜牆，常恨欠領會。元

〔註183〕見《戎庵詩存》次八，頁378。
〔註184〕見韓愈撰，馬其昶校注：《韓昌黎文集校注》，頁115。
〔註185〕見白居易：《白居易集・與元九書》（台北：漢京，1984年3月），頁962～965。
〔註186〕見《戎庵詩存》次十八，頁565。

白纔倚門，溫李眞自鄶。」〔註187〕自謙對李、杜詩歌的領會不足，但以爲元、白雖不能登堂入室，已可倚門而望，而溫庭筠、李商隱詩則如《詩經》鄶風、曹風之詩，不足觀也。《左傳》載季札聘魯，得觀周樂，於周南、召南以下，樂工每歌畢，皆有評語，然「自鄶以下無譏焉」，無譏，不足道也。〔註188〕鄶以下，尙有曹風，故曹、鄶之詩，皆指無甚可觀。因此，放翁以元、白可以倚李、杜之門牆，是極高的評價，而以鄶風之詩評價溫、李，實是極大的貶抑。

羅尙則認爲李白、杜甫詩歌的成就，元稹、白居易都遠不及此，不能因爲元、白提倡新樂府，關懷民生政事，詩歌的社會性強，就論定其成就可倚門而望，畢竟詩歌的文學、藝術性極重要，不能偏廢，〈海水碧〉曰：「杜二李十二，不敵一元九？」〈浮雲篇〉曰：「元白較李杜，高下異其聲。……鼓鑄有揚棄，《詩》《書》有權衡。」〔註189〕都表達了同樣的看法。

李商隱、溫庭筠詩有如鄶風的說法是只從綺麗方面立論，蓋晚唐格調，兒女情多，風雲氣少，元好問〈論詩絕句三十首〉曾批評「風雲若恨張華少，溫李新聲奈爾何！」〔註190〕然綺麗僅其一風格，未含括全體，故「溫李自鄶」說，頗待商榷。上文已指出李商隱詩諸多優點，葉燮對李商隱的七絕更是讚譽有加，直言「寄托深而措辭婉，實可空百代無其匹也。」又說：「宋人七絕，大約學杜者什六七，學李商隱者什三四。」〔註191〕羅尙〈次韻答曾文新論詩〉亦稱：「玉溪自草堂，藩籬非細事。再變出涪翁，散爲百家異。」「玉溪一代賢，未可便棄置。韓碑敵石鼓，問誰敢並馳。」〔註192〕一面肯定玉溪承杜甫而啓江西詩派之功，一面又指出其〈韓碑〉氣概堪與韓愈〈石鼓歌〉匹敵，賀裳曰：「〈韓碑〉詩亦甚肖韓，彷彿〈石鼓歌〉氣概，造語更勝之。」〔註193〕都顯示了李商隱詩成就高、風格亦多面。至於溫庭筠詩學六

〔註187〕見陸游：《陸放翁全集・劍南詩稿》卷七十九（台北：世界，1990年11月），頁1076。

〔註188〕見楊伯峻撰：《春秋左傳注》（台北：漢京，1987年9月），襄公二十九年傳十三，頁1161～1164。

〔註189〕見《戎庵詩存》次八，頁391，次十，427。

〔註190〕見元好問著，清・施國祁箋：《元遺山詩集箋注》，頁565。

〔註191〕見葉燮：《原詩・外篇下》卷四。收入於丁福保編：《清詩話》，頁610。

〔註192〕見《戎庵詩存》次七，頁351。

〔註193〕見賀裳：《載酒園詩話又編》。收入郭紹虞編選，富壽蓀校點：《清詩話續編》（上海：上海古籍1983年12月），頁374。

朝，不可以晚唐目之，〔註194〕其〈商山早行〉膾炙人口，尤其「雞聲茅店月，人跡板橋霜」二句，〔註195〕音韻鏗鏘，意象具足，羈旅野況俱在其中。可見「溫李自鄶」的說法不甚恰當。羅尚還認為「溫李纏綿近國風」，〔註196〕即使溫李新聲綺麗，兒女情多，風雲氣少，仍近於國風，正是朱熹說的：「里巷歌謠之作，所謂男女相與詠歌，各言其情者也。」〔註197〕不可輕視。

雖然羅尚認為放翁論詩太過渾茫，但仍以放翁為宋代大家，可堪學習借鏡，〈秋夜偶成〉即云：「終宋無詩吾不許，北蘇南陸世無倫。」〔註198〕北蘇指北宋蘇軾，將放翁比之東坡，世罕其倫，對比之下，則宋代諸賢盡為小家，可見評價之高。而此說其來有自，趙翼在《甌北詩話》中專卷討論，以為：「宋詩以蘇、陸為兩大家。後人震於東坡之名，往往謂蘇勝於陸，而不知陸實勝蘇也。……舉凡邊關風景、敵國傳聞，悉入於詩。雖神州陸沈之感，已非時事所急，而人終莫敢議其非。」〔註199〕不僅評價尤高，也指出給予高評價的原因。今日臺灣的情勢與當時有若干相似，而羅尚重視趙翼的觀點、重視放翁詩，這些對羅尚應有所啟發。

羅尚〈辛未仲春所得詩〉又說：

> 能焚舊稿出江西，豪傑誠齋自不迷。
>
> 辛苦茶山門弟子，一燈相映大如奎。〔註200〕

放翁與楊萬里同以詩名，相互輝映。楊氏起初模倣江西詩派，後以江西詩派追求形式、艱深蹇澀，於是盡焚舊作，決意跳出江西詩派的窠臼，〔註201〕終

〔註194〕楊慎：《升菴詩話》卷十一：「李賀、孟郊祖騷宗謝；李義山、杜牧之學杜甫；溫庭筠、權德輿學六朝；馬戴、李益不墜盛唐風格，不可以晚唐目之。數君子真豪傑之士哉！」收入於丁福保輯：《歷代詩話續編》，頁851。

〔註195〕見溫庭筠撰，曾益謙原註，顧予咸補註：《溫飛卿詩集》（台北：學生，1971年8月），頁228。

〔註196〕見《戎庵詩存》次廿一，〈答羊城陳永正惠沚齋詩詞鈔〉，頁691。

〔註197〕見朱熹集註：《詩集傳》（台北：臺灣中華，1991年3月），〈詩集傳序〉，頁2。

〔註198〕見《戎庵詩存》次廿二，頁691。

〔註199〕見趙翼：《甌北詩話》卷六。收入郭紹虞編選，富壽蓀校點：《清詩話續編》，頁1221。趙翼雖極稱放翁詩，但觀其所舉，則葉燮批評「陸游集佳處固多，而率意無味者更倍」，恐非率爾之論。見《原詩》卷四外篇下，收入於丁福保編：《清詩話》，頁606。

〔註200〕見《戎庵詩存》次十八，頁565。

〔註201〕楊萬里〈江湖集序〉曰：「予少作有詩千餘篇，至紹興壬午（西元1162年）七月皆焚之，大概江西體也。」〈荊溪集序〉又曰：「予之詩，始學江西諸君子，既又學後山（陳師道）五字律，既又學半山老人（王安石）七字絕句，

於自成一家，而有獨特詩風，故羅尙稱其爲豪傑。錢鍾書亦推尊二人「江河萬古」，以爲軒輊，他說：「以入畫之景作畫，宜詩之事賦詩，如鋪錦增華，事半而功則倍，雖然非拓境宇、啓山林手也。誠齋、放翁，正當以此軒輊之。人所曾言，我善言之，放翁之與古爲新也；人所未言，我能言之，誠齋之化生爲熟也。放翁善寫景，而誠齋善寫生。」〔註202〕茶山，是曾幾之號，曾幾雖是放翁之師，但放翁詩格不嗣江西詩派，而自出新意。

〈再酬夢機〉又言其主要學詩對象：

硬語騷雅昌黎韓，淺語深密少陵杜。

玉音雲骨李義山，韓碑石鼓穩接武。

望古遙集蘇長公，至今千載首同俯。

一代宗工元裕之，論詩不入江西伍。

近代賢豪頌橘廬，花延年室白與甫。

二公光燄萬丈長，百年文獻等麻縷。〔註203〕

杜甫、韓愈、李商隱，前皆有論。羅尙爲四川人，可說是與東坡同鄉，故頗慕之，詩中屢用其典故。葉燮極稱頌蘇軾之作，他說：「蘇軾之詩，其境界皆開闢古今之所未有，天地萬物，嬉笑怒罵，無不鼓舞於筆端，而適如其意之所欲出，此韓愈後之一大變也，而盛極矣。」〔註204〕屢用東坡典故，並習其詩，故羅尙詩風亦有多元傾向。

羅尙又學元好問，《四庫總目提要》稱元氏「才雄學贍」，詩作「興象深邃，風格遒上，無宋南渡末江湖諸人之習，亦無江西流派生拗鑱獷之失」，〔註205〕趙翼稱其「專以精思銳筆，清鍊而出，故其廉悍沈摯處，較勝於蘇（軾）、陸（游）」，〔註206〕沈德潛說：「元裕之七言古詩，氣王神行，平蕪

既乃學絕句於唐人。學之愈力，作之愈寡。……戊戌三朝時節賜告，少公事，是日即作詩，忽若有悟，於是辭謝唐人及王、陳、江西諸君子皆不敢學，而後欣如也。」〈跋徐恭仲省幹近詩（其三）〉亦曰：「傳派傳宗我替羞，作家各自一風流。黃（庭堅）陳（師道）籬下休安腳，陶（潛）謝（靈運）行前更出頭。」見《誠齋集》（台北：世界，1988年），卷81，冊392，頁241；卷81，冊392，頁241；卷26，冊391，頁311。

〔註202〕見錢鍾書：《談藝錄》（台北：書林，1988年11月），頁118。

〔註203〕見《戎庵詩存》次二十，頁648～649。

〔註204〕見葉燮：《原詩》卷一內篇上。收入於丁福保編：《清詩話》，頁570。

〔註205〕見永瑢，紀昀等撰：《四庫全書總目提要》，頁3464～3465。

〔註206〕見趙翼：《甌北詩話》卷八。收入郭紹虞編選，富壽蓀校點：《清詩話續編》，頁1267。

一望時，常得峰巒高插濤瀾動地之概，又東坡後一能手也。絕句寄託遙深，如〈出東門〉、〈過故宮〉等篇，何減讀庾蘭成〈哀江南賦〉。」〔註207〕所重皆在氣象雄偉，託興深遠，情意沈摯。羅尚學遺山深得精髓，故詩作有幾分神似。

羅尚親炙花延年室，即李漁叔，李氏詩風似杜甫，沈鬱深摯，著《花延年室詩》。羅尚不僅繼承了沈鬱的詩風，且開展出多樣風格，其清剛健爽、硬語盤空的詩質亦不同於李氏的華麗、柔美，展現出個人獨特的詩風，可謂善學者。至於羅尚私淑的曾克耑亦爲著名詩家，曾氏是福建人，後旅居香港，其詩風骨遒健，兀傲不群，〔註208〕曾對羅尚稱許、嘉勉備至，羅尚曾說：「余詩若非昔年香港曾頌橘感發，斷不能有今日，所以欲認祖庭也。」〔註209〕感念之情溢於言表。羅尚剛健的詩風不無受其影響。

羅尚學有所成，亦不忘提點後學，〈與陳文銓書〉曰：

> 七絕一體，僕意在定庵之孤峭，漁洋之神韻，義山之深沈，杜牧之豪縱，劉禹錫之感慨，而總結於太白、龍標渾厚闊大。能如此治，出一家數，至低限度，亦不落流滑如元白。五律當學盛唐。七律當由杜入義山。七古當學韓退之，歐、梅、蘇、黃七古皆韓也，學杜初步在了解其章法，觀其承應之法，賦比興之運用，意稱物、文逮意爲何，曲盡其妙。能曲盡其妙，文成法立，非有定法，唯其是耳。
> 〔註210〕

除五律指出時代、未指明可參學之作者外，七絕、七律、七古皆明確指出。七絕門徑可先熟習龔自珍定庵、王士禎漁洋、李商隱義山、杜牧、劉禹錫，而後上推李白、王昌齡龍標。龔定庵〈己亥雜詩〉皆以七絕寫成，成就早有定論，不只「行間璀璨，吐屬瑰麗」，且「聲情沈烈，惻悱遒上，如萬玉哀

〔註207〕見沈德潛著，蘇文擢詮評：《說詩晬語詮評》（台北：文史哲，1985 年 10 月），卷下第十四條，頁 366。

〔註208〕見張夢機：《思齋說詩・中國六十年來的傳統詩》，頁 132。

〔註209〕見《戎庵詩存》次九〈瓊華詩〉自注，頁 407。曾克耑在民國四十二年（西元 1953 年）曾寫〈觀河篇答漁叔戎庵師弟〉來臺灣，稱李漁叔、羅尚云：「忽驚雙劍纏雷下，森森鉎鍔青冥嵌。」次年又用鏡面宣紙寫〈窮溟篇答戎庵〉寄云，「戎庵嘉篇示我，傳衣自道從湘潭（李漁叔），曹溪一滴足法乳，孤光耀我炎海南」，「蟠胸蓄蘊極千億，下筆飄忽才二三」，「奇文偉抱久心許，妖腰亂領看手截」。

〔註210〕見《戎庵詩存》附錄，頁 770。

鳴」，〔註211〕為七絕開創新境，晚清以來猶多喜好者；王漁洋力倡神韻，學宗王維、孟浩然，七絕風神散朗，為一代宗師；義山七絕，寄託深遠而措辭委婉，宋人當作是學習模範，上文已論述；杜牧、劉禹錫並善絕句，聲譽卓著，李攀龍《唐詩選》載楊慎說唐人七絕：「擅長則王江寧，驂乘則李彰明，偏美則劉中山，遺響則杜樊川。」〔註212〕王江寧指王昌齡，李彰明指李白，劉中山指劉禹錫，杜樊川指杜牧，對杜牧、劉禹錫的七絕推崇備至。而李白、王昌齡成就更高，王世貞弇州稱：「五、七言絕句，以李青蓮、王龍標最稱擅場，實為有唐絕唱。」又曰：「七言絕句，王少伯與李太白，爭勝毫釐，具是神品。」〔註213〕葉燮的批評較細緻，他說：「李俊爽，王含蓄，兩人辭意俱不同，各有至處。」〔註214〕諸人皆可為學習模範。至於杜甫、李義山七律、韓退之七古的成就，上文已有論述，不再重複。

　　學習廣泛深刻，曲盡文法之妙，再以個人的膽識才力衡量事物的事、理、情，表達於詩歌中，便能呈現自己獨特的精神意態。

　　羅尚所學廣泛，此處僅藉著他的詩文舉出較重要者，亦得見他的文學觀、詩作，皆前有所承，又富時代精神。

四、通　變

　　羅尚〈遙贈陳泚齋穗垣請香江李國明轉〉曰：「文心貴通變，彥和揭至理。文質雅俗間，鋪設無極軌。」〈重抄舊稿按年編次削至不能再削詩以志之〉曰：「十代文章九變新，千江映月幻中真。」〔註215〕這種重視通變的觀點，皆承劉勰《文心雕龍》而來。〈時序〉言「文變染乎世情，興廢繫乎時序」，「蔚映十代，辭采九變」，〈通變〉又言「設文之體有常，變文之數無方」，「文律運周，日新其業」，故羅尚〈詩議〉云：

　　　不易則名理相因，設文之體有常，變易則文辭氣力，變文之數無方。
　　　體必資於故實，飲不竭之源。用必酌於新聲，騁無窮之路，所以騷

〔註211〕見龔自珍著，王佩諍校：《龔自珍全集》（上海：上海古籍，1999年6月），頁538，程金鳳跋詞。
〔註212〕見明・李攀龍選，日・森大來評釋，江俠菴譯述：《唐詩選評釋》（台北：德興，1981年11月），頁612。
〔註213〕見明・李攀龍選，日・森大來評釋，江俠菴譯述：《唐詩選評釋》，頁612。
〔註214〕見葉燮：《原詩》卷四外篇下。收入於丁福保編：《清詩話》，頁610。
〔註215〕見《戎庵詩存》次十七，頁535。次十八，頁573。

兼風雅，能爭日月之光，詩訓承持，止於禮義之善。興觀群怨之性
情不易，金科玉條，賦比興之文辭日新，非一成不變。漢魏不能爲
三百篇，唐宋不能爲漢魏。文變染乎世情，興廢繫乎時序。故曰望
今制奇，參古定法。知今必知古，不知古爲瞽說，知古必知今，不
知今爲陸沈。〈文賦〉起首云：「佇區中以玄覽，頤情志於典墳。」
推此意也，觀於今而鑑於古，感於物而本於學，詩之能事畢矣。

通即是通曉、繼承傳統的體法，變即是變化、創新，蕭子顯曰：「若無新變，
不能代雄。」〔註 216〕因此要博習前修，汰蕪存精，才能瞭解何者可變，何者
不可變，進而創新，若意辭訛淺，則須「還宗經誥」，以矯淺薄，〈風骨〉云：
「鎔鑄經典之範，翔集子史之術，洞曉情變，曲昭文體，然後能孚甲新意，
雕畫奇辭。昭體故意新而不亂，曉變故辭奇而不黷。」〔註 217〕有了資於故實，
鎔鑄經典、子史的體式，則能基於情變而創造新意奇辭。

然而，資於故實、不變的「設文之體」爲何？「參古定法」則可知，《宗
經》曰：「文能宗經，體有六義：一則情深而不詭，二則風清而不雜，三則
事信而不誕，四則義貞而不回，五則體約而不蕪，六則文麗而不淫。」〔註
218〕情感深厚、意氣駿爽、引事信實、持理正大、體製簡潔、文辭美麗，即
是千古不變的法式。羅尚以之論詩，認爲更簡要來看，即是興觀群怨，止於
禮義之善，這是不可變的金科玉律。當然設文之體也包含了形式方面的體
式、聲調、法則、氣運，上文已說明，但興觀群怨，止於禮義之善，則更爲
重要。

在學習不變的「設文之體」時，就須注意到變化無常的「變文之數」，
變文之數包含文辭、氣力。文辭又含考聲律，辨章句，尚麗辭，運比興，用
夸飾，重鍊字，都要望今而酌取新聲，才能謝已披之朝華，啓未振之夕秀，
別出心裁而制奇。黃侃更從古今情事的同異之處立言，他說：「當知古今情
事有相殊者，須斟酌而爲之。或古無而今有，則不宜強古事以傅會。……或
古有而今無，亦不宜以今事比合。」〔註 219〕古今有所同異，名實有所分合，
若古無今有，就產生新詞新義；若古今名實相異，亦不宜斷章取義，須考證
異同；若古有今無，則其古詞古義亦不宜採用。這些都是文辭需要新變的原

〔註 216〕見蕭子顯著，楊家駱主編：《南齊書》（台北：鼎文 1993 年 5 月），頁 908。
〔註 217〕見劉勰著，周振甫注：《文心雕龍注釋》，頁 570，頁 554。
〔註 218〕見劉勰著，周振甫注：《文心雕龍注釋》，頁 32。
〔註 219〕見黃侃：《文心雕龍札記》（台北：文史哲，1973 年 6 月），頁 106。

因。所以要知今知古，感於物而本於學，學才能知文變興廢。

至於氣力，繫於個人，每個人的氣力皆有不同，故必有所變，〈通變〉又言「憑情以會通，負氣以適變」，〔註220〕顯然所謂的氣力，並指個人的情志，必須憑著真情實性來洞曉情變、融會舊作，依憑才氣、養氣所得，來適應時代的變革。〈定勢〉亦云：「情致異區，文變殊術，莫不因情立體，即體成勢。」〈情采〉云：「情者，文之經，辭者，理之緯。」並要求學習「詩人什篇，為情而造文。」〔註221〕這都認為文變雖然殊術，但應以情志的發展來確立作品的體式，講究詞藻、聲律等文采，不能脫離真實，使文章與情志相反。

所以說通變就是要斟酌質文、隱括雅俗。資於故實則能通，有源頭活水，飲之不竭；酌於新聲則能變，騎寶馬神駒，騁之無窮。新變就與時序、世情有關，因此漢魏不能為《三百篇》，唐宋不能為漢魏，宋詩也不能為唐詩，否則就失去了通變，沒有通變，終會失去生命，〈湘潭白石詩社贈其所編輯之中華工業詩詞選呈謝一首〉即言「三唐二宋古今情，必有新聲換舊聲」，時代風氣不同，文章自有不同的發展，才能呈現不同的時代風貌，而自有其佳處，因此羅尚對於唐宋詩之爭，頗不以為然，〈夜讀和藥樓五疊詩韻〉即云：「尊唐薄宋無聊奈，代有人才莫自遺。」〔註222〕

當然唐宋詩之爭的問題頗多，但大多集中在宋詩「作奇特解會，遂以文字為詩，以才學為詩，以議論為詩」，〔註223〕以文為詩等，如嚴羽主妙悟，就批評宋詩無盛唐之音，不能興會淋漓，不能「言有盡而意無窮」，而為宋詩辯者則多由通變、性情、才識、學問、議論、胸襟發揮。〔註224〕如袁宏道〈雪濤閣集序〉云：「有宋歐、蘇輩出，大變晚（唐）習，於物無所不收，於法無所不有，於情無所不暢，於境無所不取，滔滔莽莽，有若江河。今之人徒見宋之不唐法，而不知宋因唐而有法者也。如淡非濃，而濃實因於淡。」〔註225〕葉燮亦從流變、承繼、創新而各具本色的角度立論，云：「闢諸地之

〔註220〕見劉勰著，周振甫注：《文心雕龍注釋》，頁 570。
〔註221〕見劉勰著，周振甫注：《文心雕龍注釋》，頁 585，頁 599～600。
〔註222〕見《戎庵詩存》次十八，頁 586；次廿五，頁 728。
〔註223〕見嚴羽著，郭紹虞校釋：《滄浪詩話校釋‧詩辨》，頁 26。
〔註224〕參見戴文和：《「唐詩」、「宋詩」之爭研究》（台北：文史哲，1997 年 6 月），頁 286～294。其中對唐宋詩之爭的問題有詳盡的整理，可參見。
〔註225〕見袁宏道：《袁中郎全集》（台北：清流，1976 年 10 月），《袁中郎文鈔》，序文頁 3。

生木然……唐詩則枝葉垂蔭，宋詩則能開花。」又云：「宋人之心手，日益以啓，縱橫鈎致，發揮無餘蘊，非故好爲穿鑿也。譬之石中有寶，不穿之鑿之，則寶不出。」〔註226〕都說明了宋詩的縱橫、博富、說理精切，並非是詩的滅亡，而是詩的開拓。羅尚更明確指出：

> 學唐學宋，與言志無涉，後之讀者，將有感於斯文，而非感於似唐
>
> 似宋。〔註227〕

言志以感發讀者、反應現實、諷議執政，才具有國風、小雅詩人之意，也才是詩歌的要緊處，學唐學宋、非唐非宋，既然都不是從言志立論，自然也就無關緊要了。此論鞭辟入裡，發人深省。

〈宋詩〉又說明其與風騷傳統相合、運用比興以諷諭的成就：

> 歐梅革西崑，宋詩始云始。事激比興通，復古副美刺。
>
> 奪胎換骨法，人言剽竊耳。轉識以成智，楊陸鵬摶矣。
>
> 遺山不下拜，疏鑿闡微旨。風騷漢唐來，感悟見情理。
>
> 近道在神思，通變境無止。只曰一藝充，宛陵故笑死。
>
> 山谷一大家，世論久如此。〔註228〕

一般稱宋詩始於西崑體，〔註229〕羅尚則從葉燮之說，認爲從梅堯臣、蘇舜欽、歐陽修力格西崑體，方有宋詩「辭盡於言，言盡於意」的面貌，宋詩才眞正開始，〔註230〕梅、蘇、歐也如同陳子昂一樣，以復古爲革新，以比興副美刺，

〔註226〕 見葉燮：《清詩話》內篇下，內篇上。收入於丁福保編：《清詩話》，頁588，頁570。葉燮又以作畫比喻，云：「盛唐之詩，濃淡遠近層次，方一一分明，能事大備。宋詩則能事益精，諸法變化，非濃淡遠近層次所得而該，刻畫博換，無所不極。」外篇下，頁601。

〔註227〕 見《戎庵詩存》次十九，〈讀《嶺雅》十五期知荔莊吳天任已作古〉自注，頁612。

〔註228〕 見《戎庵詩存》次十一，頁449。

〔註229〕 全祖望在〈宋詩紀事序〉中說：「宋詩之始也，楊、劉諸公最著，所謂西崑體者也。……慶曆以後，歐、蘇、梅、王數公出，而宋詩一變。」見全祖望撰，朱鑄禹彙校集注：《全祖望集彙校集注》（上海：上海古籍，2000年12月），《鮚埼亭集外編》卷26，頁1247。永瑢，紀昀等撰：《四庫總目提要》稱：「蓋宋代詩派凡數變：西崑傷於雕琢，一變而爲元祐之朴雅。」見頁3511。

〔註230〕 葉燮云：「開宋詩一代之面目者，始於梅堯臣、蘇舜欽二人。自漢、魏至晚唐，詩雖遞變，皆遞留不盡之意，即晚唐猶存餘地，讀罷掩卷，猶令人屬思久之。自梅、蘇變盡崑體，獨創生新，必辭盡於言，言盡於意，發揮鋪寫，曲折層累以赴之，竭盡乃止。才人伎倆，騰踔六合之內，縱其所如，無不可者；然含蓄渟泓之意，亦少衰矣。歐陽修極伏膺二子之詩，然歐詩頗異於是。以二子視歐陽，其有狂與狷之分乎？」見《原詩》外篇下。收入於丁福保編：《清詩話》，頁605。

因此承繼了風、騷、漢、唐以來的傳統，頗見其情理。梅堯臣論詩即是如此，他在〈答韓三子華韓五持國韓六玉汝見贈述詩〉中說：「聖人於詩言，曾不專其中。因事有所激，因物興以通。自下而磨上，是之謂國風；雅章及頌篇，刺美亦道同。不獨識鳥獸，而為文字工。屈原作〈離騷〉，自哀其志窮。憤世嫉邪意，寄在草木蟲。邇來道頗喪，有作皆言空。煙雲寫形象，葩卉詠青紅。人事極詼諧，引古稱辯雄。經營唯切偶，榮利因被蒙。遂使世上人，只曰一藝充。」又在〈答裴送序意〉自言其作詩的志向：「我於詩言豈徒爾，因事激風成小篇。辭雖淺陋頗劗苦，未到二雅未忍捐。安取唐季二三子，區區物象磨窮年。」〔註231〕批評了當時吟詠風花雪月、諂諛名利、經營聲巧的空洞文章，強調作詩必須是由事物激發，有所寄託，表達情理，使人一覽無遺。故宋詩發揮鋪寫，而少含蓄淳泓，然郭紹虞也說：「從興比評詩而體會入微，所以議論道理全是活句，指陳發露仍合詩教。」〔註232〕這就是宋詩的通變。

　　而後的蘇軾雄放、王安石工練，都有極高的成就。黃庭堅則提出新說，以為「自作語最難」，故有「點鐵成金」、「奪胎換骨」之法，〔註233〕所謂「點鐵成金」就是點化古人的陳言，而變成新鮮的語詞。換骨是意同語異，用前人詩意而自鑄新詞；奪胎是借用、引申前人詩意，並點竄、綴茸其詩句，而成自己的作品。可見不論是「點鐵成金」，或是「奪胎換骨」，都是修改了前人的詩句、詩意而成自己的詩作，獨創性低，所以金·王若虛就譏評說：「魯直論詩，有奪胎換骨，點鐵成金之喻，世以為名言，以予觀之，特剽竊之點者。」並說：「山谷之詩，有奇而無妙，有斬絕而無橫放，鋪張學問以為富，點化陳腐以為新，而渾然天成，如肺肝中流出者，不足也。」〔註234〕

　　雖然批評擊中其要害，但畢竟黃庭堅「以崛奇之調，力追草堂」，〔註235〕而開江西詩派，江西詩派的弊病「古雅難將子美親，精純全失義山真」，不當怪罪到他頭上，所以元好問不欲為江西社人，但「論詩寧向涪翁拜」，仍極敬

〔註231〕見梅堯臣：《宛陵集》（台北：新文豐，1979 年），卷 27，頁 143，卷 25，頁 133。
〔註232〕見嚴羽著，郭紹虞校釋：《滄浪詩話校釋》，頁 44。
〔註233〕「自作語最難」、「點鐵成金」二語見黃庭堅〈答洪駒父書〉，見《豫章黃先生文集》卷 19，頁 203～204。「奪胎換骨」則見釋惠洪：《冷齋夜話》（北京：中華，1985 年），頁 5。
〔註234〕見王若虛：《滹南詩話》卷三，卷二。收入於丁福保輯：《歷代詩話續編》，頁 529，頁 518。
〔註235〕見全祖望撰，朱鑄禹彙校集注：《全祖望集彙校集注》，《鮚埼亭集外編》卷 26，〈宋詩紀事序〉，頁 1247。

佩其「生拗錘鍊，自成一家」。〔註236〕羅尚且認爲現在是白話文時代，一般人熟習白話文，對古詩文字句法陌生，因此「今日以古文奪胎換骨，變爲古體詩字句法，不失爲因時制宜」，〔註237〕此說有其道理。

至於楊萬里、陸放翁跳出江西，而成一家，前已有論，可謂轉識成智，大鵬搏風而上雲霄。

有所承繼，有所新變，詩道才能長久，唐詩、宋詩也是如此，只要能在文質雅俗之間定其取捨，自能有無窮的開展，章法、文辭，莫不如是。

第三節　聲　律

古典詩中七古、五古、七律、五律、七絕、五絕，皆有其聲律要求，可以說除古體聲律外，學詩者都已熟悉。古體聲律在趙秋谷、王漁洋公布聲調譜之前，並沒有明確的論述，公布之後，流傳亦不廣，所以熟習者不多。〔註238〕羅尚參酌王漁洋的見解，並比對前人詩作，提出自己的看法，一方面指出七古聲調的傳承，以強化聲律依據，一方面則部分修正了王漁洋的見解，使古體聲調更容易讓人理解、學習，最重要的是，羅尚不密寶此說，大加傳授，使學者皆能得知古體聲調，但流傳日廣，有部分說法遭到誤傳。本節將依他的說明，簡述聲律在古典詩中的意義，然後著重說明七古聲調，並指出誤傳的部分，使七古聲調有明確的論述。再者，由於多數學者熟知近體詩聲調，故本文不多費言，但依羅尚的說解提出一些基本而易失誤的規則，以及他與前人所論有不同的部分。最後，從評析前賢對吳體的闡釋，排比唐人明確標出的吳體詩作中，確認吳體的聲調、律法，以證明羅尚認爲吳體是：「以古體聲作七律，不講黏對。」確實無誤。

一、聲律屬文學形式

羅尚〈與陳文銓書〉曾云：「今有一大錯，以聲調格律爲傳統，故曰傳統詩。殊不知聲律爲文學形式，而非內容，內容爲思想、感情、想像，在詩爲

〔註236〕見元好問著，清・施國祁箋：《元遺山詩集箋注》，頁 576。元好問詩，查慎行評。

〔註237〕見羅尚：《古典詩形式說》（自印本），頁 71。

〔註238〕今日所見王漁洋的《古詩聲調譜》，爲翁方綱：《小石帆亭著錄》收錄，並提名爲《王文簡古詩平仄論》，翁氏並加闡述。丁福保收入其所編：《清詩話》。

興觀群怨、思無邪，這才是傳統，亦即黃梨洲所謂『千古性情』。」〔註239〕乍看之下，似乎以爲不當要求古典詩的聲律，但事實上，這只是強調古典詩的內容重於聲律，並沒有否定聲律的意義。〈巷中體詩〉言：「閭巷采歌謠，本是詩之祖。後世用聲律，便布雷門鼓。蘇李十九首，字字出肺腑。詩乃摶風鵬，胡爲剪翮羽。」〔註240〕指出詩之首要在能出於肺腑，有情韻、氣韻，如《詩經》、〈蘇李詩〉、〈古詩十九首〉等，雖然沒有後世聲律的輔助，但聲情自遠，因此不當爲了配合聲律，而減損了情韻。但聲律之用並非不當，若能與詩的情義調和，則可以增強聲威氣勢，使如會稽雷門之鼓，一擊而聲聞千里，〔註241〕亦如大鵬，摶風直上九萬里的高空，感物之力更大，劉永濟即說：「作者用得其宜，則聲與情符，情以聲顯。文章感物之力，亦因而更大。」〔註242〕蓋言爲心聲，文以代言，文字、音節的抑揚頓挫都本於人情、人格，僞裝不得。〔註243〕

　　羅尙又引〈樂記〉之語說明：

　　　　〈樂記〉云：「聲相應，故生變，變成方，謂之音。」由正而變，不
　　　　詭於正，所以濟正聲之窮。此爲音樂性。文字變聲，正是變成方以
　　　　濟窮。變聲在達意，意已達而聲之徐疾高下飛沈不諧，再求義同聲
　　　　異之字用之。〔註244〕

〈樂記〉說人心有感於物，而後以音聲表達，音聲相應，就會有所變化。〔註245〕羅尙以爲音聲的變化仍當以通達情意爲準則，不可爲了求新聲奇異而悖離通情達意。若通情達意了，而聲調的徐疾高下飛沈不諧，才改用義同聲異的字，以和諧音情。音情和諧了，就能增加詩歌的音樂美。

〔註239〕見《戎庵詩存》附錄，頁770～771。下文引用，不再加註。
〔註240〕見《戎庵詩存》次八，頁393。
〔註241〕顏師古曰：「雷門，會稽城門也，有大鼓。越擊此鼓，聲聞洛陽。」見班固撰，顏師古注，楊家駱主編：《新校本漢書》（台北：鼎文，1995年1月），註（三）條，頁3230。
〔註242〕見劉永濟：《文心雕龍校釋》（台北：正中，1971年3月），頁29。
〔註243〕錢鍾書說：「其言之格調，則往往流露本相：猖急人之作風，不能盡變爲澄澹，豪邁人之筆性，不能盡變爲謹嚴。」見錢鍾書：《談藝錄》（台北：書林，1988年11月），頁163。
〔註244〕見羅尙：《古典詩形式說》，頁9。
〔註245〕〈樂記〉：「凡音之起，由人心生也。人心之動，物使之然也。感於物而動，故形於聲。聲相應，故生變；變成方，謂之音。」見王夢鷗：《禮記今註今譯》，頁490。

在《古典詩形式說》中又直言：

> 要講求聲調，是詩的文學形式如此，詩必然有聲律、韻律，以求形
> 式完美。文學有其藝術性，詩自然有其音樂性。唐代詩歌，豈非明
> 證。〔註246〕

聲調即是聲律，是詩的形式之一，能加強詩的音樂性，而形式、音樂性也是
藝術性的一環，因此有了聲律的裨益，詩的音調會更動聽，藝術性會更完整。
〈詩囈〉中亦言：「詩之形式，即文學之藝術性。刻鏤聲律為音樂性。」〈與
陳文銓書〉中更提高聲調的地位，羅尚說：「聲調為文學形式，西方文學理論
『詩的材料流泛於一切人的思想中，只有表現、只有形式，詩人才成其為詩
人』。」詩的材料雖流泛於芸芸眾生中，但經過創造、組織，而後依形式表現，
才能使人瞭解、評判，因此有了表現、形式，詩人才突出於一般人，所以，
還是應當講求詩的聲律，只是不當因聲律而傷害情意。

從六朝發現四聲、自然而然發展聲律之後，聲調的要求就愈趨嚴整，到
了唐代，詩人終於以六朝的成果為基礎，完成近體詩聲律，使情感的抑揚頓
挫，透過文字更適切的表達出來。而古體詩聲調也有了較明確的規範，這可
從唐代詩作中求得，王漁洋公布的《古詩聲調譜》就是如此來的。

二、古體詩聲調

聲調屬於文學形式，應當重視，而且聲調還有更重要的意義，羅尚〈與
陳文銓書〉說：

> 五、七言古、近體之分別關鍵在於聲調。

聲調既是分別五七言古、近體的關鍵，就更要詳加探求。雖然王漁洋、趙秋
谷已先公布古詩聲調，他仍認為要尋求古詩聲調，必求諸唐宋詩以為佐證，〈詩
囈〉云：

> 文學形式，聲律、韻律、結構，移植於詩，便是聲調格律章法。清
> 初趙秋谷、王漁洋《聲調譜》出，舉世追逐聲調，翁方綱《小石帆
> 亭著錄》，闡述漁洋，至謂不知先生當日口講指畫之時，尚有何等秘
> 語。聲調不求諸唐宋詩，而度求諸漁洋秘語，可乎不可？〔註247〕

翁方綱闡述王漁洋的論述，以為此書只是其弟子的筆記，頗為迴護，他說：

〔註246〕見羅尚：《古典詩形式說》，頁14。
〔註247〕見《戎庵詩存》附錄，頁745〜749。下文引用，不再加註。

「直是先生當日偶對門弟子匆匆語次，以筆麤記一、二之大略，又未知當日語次，口講指畫，更有何等微妙之談？」〔註 248〕顯見翁氏只知闡述王漁洋的看法，不知從唐宋詩推求，故羅尚有所譏評。如此，翁氏更是不知有漢、魏、晉、南朝的古詩並其發展了。

（一）七古聲調的發展

羅尚不僅從唐宋詩推求，更從早期的詩中探求聲調的傳承、演變，發前人所未發，《古典詩形式說》云：

> 根據《史記》、《漢魏六朝百三家集》、《大文學史》等書所載，七古聲調，自唐堯時代的〈擊壤歌〉「帝力何有於我哉」，至春秋時代的楚譯〈越人歌〉「山有木兮木有枝，心悅君兮君不知」，至戰國時代的〈易水歌〉，楚漢之際的〈垓下歌〉、〈大風歌〉、西漢〈短簫饒歌〉、〈柏梁詩〉、東漢李尤二句、王逸〈琴歌〉、張衡〈四愁〉、《吳越春秋》（東漢趙曄作）中的吳國〈窮劫曲〉、越軍伐秦的〈渡河歌〉、魏文帝〈燕歌行〉、南朝鮑照七言詩、陳後主〈玉樹後庭花〉等，直到唐初律詩發展成功，唐古形成，七古聲調，並無太大變革。小有變革，是〈玉樹後庭花〉一首，全是初唐以後的律句。但當時並無律詩，仍是古調的自然演變。可以說律詩是由此濫觴的，這是首先要了解的。〔註249〕

〈詩囈〉所舉的例子雖較少，但說明稍詳：

> 七言詩，春秋時楚譯〈越人歌〉末二句「山有木兮木有枝，心悅君兮君不知」。戰國時〈易水歌〉平韻。楚、漢之際〈垓下歌〉換韻，漢初〈大風歌〉平韻。西漢柏梁台聯句，句句用韻。東漢張衡〈四愁〉換韻，李尤〈九曲歌〉二句平韻。王逸〈琴思楚歌〉換韻。七古聲調，於此大備。趙曄名在《後漢書·文苑傳》，作《吳越春秋》，吳伐楚，入郢，伍員鞭平王屍，楚人作〈窮劫曲〉。仄韻大篇。子貢出而遊說諸侯，成黃池之會，強魯、弱齊、卻晉、沼吳、霸越，越既霸，伐秦，軍士苦寒，作〈渡河歌〉，平韻大篇。七古聲調，於此已成定型。魏文〈燕歌行〉，晉傅玄〈擬四愁〉，頗近古，宋鮑照〈代白紵舞歌辭〉四首，〈擬行路難〉十八首，所謂俊逸。梁武

〔註248〕見《王文簡古詩平仄論》，見丁福保：《清詩話》，頁 240。
〔註249〕見《古典詩形式說》，頁 34。

帝〈東飛伯勞歌〉，簡文帝〈東飛伯勞歌〉二首，文辭氣力小變。

陳後主〈玉樹後庭花〉八句，聲調大變，全是律句，平仄不差。「帝力何有於我哉（｜｜—｜—｜—）」、「山有木兮木有枝，心悅君兮君不知（—｜｜—｜｜—，—｜———｜—）」、〈易水歌〉「風蕭蕭兮易水寒，壯士一去兮不復還（————｜｜—，｜｜｜｜｜—）」、〈大風歌〉「大風起兮雲飛揚，威加海內兮歸故鄉（｜—｜————，——｜｜—｜—）」，若去除八字一句中的「兮」字，就成七字。從這些早期的短章零句中，已隱約可見七古平韻聲調：第一，每句末三字，平平平（———），或平仄平（—｜—）；第二，全句聲調與律句不合。可見古、近體聲調有別。

柏梁台聯句以後，篇幅漸長，張衡〈四愁〉、王逸〈琴思楚歌〉換韻，〔註250〕〈窮劫曲〉仄韻，〈渡河歌〉即〈河梁歌〉，或稱〈河梁詩〉，平韻，〔註251〕七古聲調於焉大備。其後的魏文帝曹丕〈燕歌行〉，晉‧傅玄〈擬四愁〉，宋‧鮑照〈代白紵舞歌辭〉四首，〈擬行路難〉十八首，梁武帝蕭衍〈東飛伯勞歌〉，梁簡文帝蕭綱〈東飛伯勞歌〉二首，都不脫此聲調，文辭氣力稍變，曹丕之作精麗，傅玄之擬作稍染輕綺，鮑照則有俊逸之風，蕭衍、蕭綱之作則是兒女情多，風雲氣少。茲舉數首為例說明：

（1）平　韻

東漢的〈渡河歌〉（或稱〈河梁歌〉、〈河梁詩〉）：

渡河梁兮渡河梁。舉兵所伐攻秦王。

｜———｜——。｜—｜｜———。

孟冬十月多雪霜。隆寒道路誠難當。

｜—｜｜—｜—。——｜｜———。

陣兵未濟秦師降。諸侯怖懼皆恐惶。

｜—｜｜———。｜—｜｜———。

聲傳海內威遠邦。稱霸穆桓齊楚莊。

——｜｜—｜—。—｜｜｜——｜—。

〔註250〕王逸的〈琴思楚歌〉，見於張溥：《漢魏六朝百三名家集‧王叔師集》（台北：文津，1979 年 8 月），頁 803～804。

〔註251〕〈窮劫曲〉、〈河梁歌〉既見於東漢‧趙曄：《吳越春秋》，且篇幅已長，已較後來楚漢之際的短章零句進步，可能已經趙曄修改，故作品列於東漢時期。見趙曄著，黃仁生注釋：《新譯吳越春秋》（台北：三民，1996 年 2 月），頁 114～115，頁 365。

　　　天下安寧壽考長。悲去歸兮河無梁。
　　　—｜——｜｜—。—｜—————。

魏・曹丕〈燕歌行〉：

　　　秋風蕭瑟天氣涼，草木搖落露爲霜。
　　　———｜—｜—，｜｜—｜｜—。

　　　群燕辭歸鵠南翔，念君客遊多思腸。
　　　—｜—————，｜—｜———。

　　　慊慊思歸戀故鄉，君何淹留寄他方？
　　　————｜｜—，————｜——。

　　　賤妾煢煢守空房。
　　　｜｜——｜——。

　　　憂來思君不敢忘，不覺淚下沾衣裳。
　　　————｜｜—，｜｜｜｜———。

　　　援琴鳴絃發清商，短歌微吟不能長。
　　　————｜——，｜———｜—。

　　　明月皎皎照我床，星漢西流夜未央。
　　　—｜｜｜｜｜—，—｜——｜｜—。

　　　牽牛織女遙相望，爾獨何辜限河梁？
　　　———｜———，｜｜———。

每句都押韻，若不是每句末三字聲調爲平平平（———），或平仄平（—
｜—），就是全句不合律句聲調。

（2）仄　韻

東漢的〈窮劫曲〉：

　　　王耶王耶何乖劣，不顧宗廟聽讒孽。
　　　——————｜，｜｜—｜｜—｜。

　　　任用無忌多所殺。誅夷白氏族幾滅。
　　　｜｜—｜—｜｜。————｜｜—｜。

　　　二子東奔適吳越，吳王哀痛助忉怛。
　　　｜｜——｜—｜，———｜｜—｜。

　　　垂涕舉兵將西伐，伍胥白喜孫武決。
　　　—｜｜——｜，｜｜—｜——｜｜。

　　　　三戰破郢王奔發，留兵縱騎虜京闕。

　　　　—｜｜｜——｜，——｜｜｜—｜。

　　　　楚荊骸骨遭掘發，鞭辱腐屍恥難雪。

　　　　｜—｜｜｜，—｜｜｜—｜。

　　　　幾危宗廟社稷滅，莊王何罪國幾絕。

　　　　———｜｜｜｜，———｜｜｜—｜。

　　　　卿士悽愴民惻悵，吳軍雖去怖不歇。

　　　　—｜｜｜｜｜，——｜｜｜｜｜。

　　　　願王更隱撫忠節，勿爲讒口能謗褻。

　　　　｜—｜｜｜—｜，｜——｜—｜｜。

南朝宋的鮑照〈擬行路難十八首（其三）〉：

　　　　璇閨玉墀上椒閣，文窗繡戶垂綺幕。

　　　　——｜—｜—｜，——｜｜—｜｜。

　　　　中有一人字金蘭，被服纖羅蘊芳藿。

　　　　—｜｜—｜——，｜｜——｜—｜。

　　　　春燕差池風散梅，開帷對影弄禽雀。

　　　　—｜———｜—，—｜｜｜｜—｜。

　　　　含歌攬涕恆抱愁，人生幾時得爲樂。

　　　　——｜｜—｜—，——｜—｜｜|。

　　　　寧作野中之雙鳧，不願雲間之別鶴。

　　　　—｜｜———｜，｜｜｜———｜｜。

押韻句聲調末三字為仄平仄（｜—｜），或仄仄仄（｜｜｜），不然就是全句
聲調不合律句，僅有「不願雲間之別鶴」合律。沒有押韻的句子，末三句聲
調爲平平平（———），或平仄平（—｜—），或全句不合律。

（3）換　韻

　　楚漢之際項羽的〈垓下歌〉：

　　　　力拔山兮氣蓋世，時不利兮騅不逝。

　　　　｜｜——｜｜｜，—｜｜——｜｜。

　　　　騅不逝兮可奈何，虞兮虞兮奈若何。

　　　　—｜｜—｜｜—。—————｜—。

東漢・張衡〈四愁詩（其四）〉：

我所思兮在雁門，欲往從之雪雱雱。

｜｜－－｜｜－，｜｜－－｜－－。

側身北望涕霑巾。

｜－｜－｜－－。

美人贈我錦繡段，何以報之青玉案。

｜－｜｜｜｜｜，－｜｜－－｜｜。

路遠莫致倚增歎，何爲懷憂心煩惋。

｜｜｜｜｜－｜，－－－－－－｜。

押平韻句的聲調與平韻到底者相同，押仄韻句則與仄韻到底者相同，唯一不同之處，就是換韻。

由上述可見，七古聲調的發展的確到了東漢已經大致完備，以後的發展都不脫此聲調。至於陳後主叔寶〈玉樹後庭花〉只有六句，可能是羅尚錯記，但聲調的確有很大的變化，其中有四句是標準的律句，二、三聯且相黏。雖然仍是古體，但已開七律先河。

到了唐代，律體形成，也發展出唐古，聲調稍變於之前的古體詩。且唐古爲了與律體有所區隔，因此平、仄韻篇章不用律句，聲調也有所規範，羅尚曾說：「唐古爲古體中之近體，七古聲調特別嚴格。」〔註252〕指的就是古體聲調在此時期的發展實況。

（二）古體聲調的通則

要說明古體詩聲調，就不能略過王漁洋的《古詩聲調譜》，王氏首論七古聲調，而以唐宋詩爲例，其要者曰：

一、若平韻到底者，斷不可雜以律句。其要在第五字必平。

落句第五字必平，第四字必仄。第四、五字平仄既合，第二字可平可仄，然不如平之諧也。

出句第五字多用仄，如間有用平者，則第六字多仄。至其出句之第二字又多用平。

總之出句第二字平，第五字仄，其餘四仄五仄亦諧。落句第五字平，第四字仄，上有三仄、四仄，亦皆古句正式。

古大家亦有別律句者，然出句終以二五爲憑，落句終以三平爲式。間有雜律句者，行乎不得不行，究亦小疵也。

〔註252〕見《古典詩形式說》，頁34。

二、若仄韻到底，間似律句無妨。以用仄韻半非近體，其平仄抑揚，
多以第二字、第五字爲關捩。

三、若換韻者，已非近體，用律句無妨。〔註253〕

王氏分古體詩爲平韻到底、仄韻到底、換韻三種，其論多精要，羅尚定七古
聲調時頗加參酌。

首先，羅尚明確指出七古聲調每句末三字的通則：

七古聲調，成爲｜—｜（仄平仄），｜｜｜（仄仄仄），———（平
平平），—｜—（平仄平）。這是一定的。所以五言近體第三字，七
言近體第五字，是古近體界說。〔註254〕

由七古聲調的通則就能看出古、近體聲調有所區別，五古聲調也是如此，因
此，可爲界說的是七言的第五字，五言的第三字。五言的區隔在第三字，是
因爲五言是七言減省上二字的結果。這個通則的意義在於：區隔古、近體聲
調。爲了區隔古、近體聲調，只要能造成不同於律體的聲調，就可以是古體
聲調。因此，律體最不能接受的聲調、需要拗救的聲調，就是古體聲調的安
全憑證。這可以說是造成古體聲調的最高原則。

（三）七古平韻一韻到底的聲調

平韻到底的聲調要求最爲嚴格。從「仄韻半非近體」來看，王氏顯然以
爲平韻到底者極似近體（律體），爲了有所區隔，所以不可雜有律句，最重
要的是落句第五字必平，使落句最後三字聲調變成———（平平平），或—
｜—（平仄平），如此，必與律體聲調有所區別。落句的另一規範是第四字
爲仄，顯然是爲了調和聲調而採用的，至於第二字可平可仄，並無一定限制。
出句則是二平五仄，若第五字爲平，則第六字爲仄。羅尚說：「（平韻到底者）
是唐古，是古體中的近體。與律詩聲調區別，出句在二平五仄，落句在三
平到底。七古聲調，也只是上下兩句的連續使用，這是七古的基本聲調。」
〔註255〕

羅尚爲了方便初學者，又加以說明：

出句二平五仄，第七字不用韻，必是仄聲。第一字視詞性平仄不
拘，七字之中，已經解決了四字。其餘第三、四、六聲之三字，

〔註253〕見《王文簡古詩平仄論》，收入丁福保：《清詩話》，頁224～235。
〔註254〕見《古典詩形式說》，頁5。
〔註255〕見《古典詩形式說》，頁35。

平仄聽便。

落句三平到底，第四字必用仄，第一字不拘。七字之中已經解決了
五字，其餘二字聽便。〔註256〕

將應注意平仄的字都指出，初學者的確較容易學習。

羅尚對王漁洋的說法，另有補充、修正：

出句二平五仄，無變換，餘字可變，可以七仄聲。

落句三平到底，可變爲平仄平、可變爲七平聲，又可變爲韻上四仄、
五仄、六仄。所謂變換，在調理音節，三平到底之中，間用平仄平，
間用韻上四仄、五仄。〔註257〕

出句可以七仄，但仍可有變換，只要對照最高原則就能看出，能造成不同於
律體的聲調，就可以是古體聲調。羅尚也見到了，所以又加以補充說：

第五字用平，第六字必用仄，第二字又必用平。與第二字換用仄，
第五字必用仄的兩個問題，是我用悟性理解而得，又證明不差。假
如不這樣，不知不覺的便成律調了。〔註258〕

爲了避免不知不覺間變成「仄仄平平平仄仄（｜｜‖——｜｜）」、「仄仄仄
平平仄仄（｜｜｜——｜｜）」的律調，因此特別加以限定。

至於「斷不可雜以律句」的說法，其實仍是有轉圜餘地的，但不可常用，
畢竟是在古體，不是在律體，王漁洋自己也承認：「（古大家）間有雜律句者，
行乎不得不行。」羅尚就此補充道：

與張夢機教授論五古用律句，其上下句必用古句以分之，（七古）道
理相通。〔註259〕

若出句因聲情鏗鏘、意義朗現，換字有損情韻、不得不用律句之時，則在其
上、或其下句，就是前後的落句，必用純古體聲調以爲分化氣氛。羅尚論五
古聲調時說：

若混入一律句，上句或下句，用純古體聲調，以分化其律的氣氛。
如用律句一聯入五古，則此聯之上下句，別用純古體聲調以爲分化
氣氛。〔註260〕

〔註256〕見《古典詩形式說》，頁36。

〔註257〕見《古典詩形式說》，頁54。

〔註258〕見《古典詩形式說》，頁40。

〔註259〕見《古典詩形式說》，頁45。

〔註260〕見《古典詩形式說》，頁55。

七古道理相通。所謂的「純古體聲調」，就是三平入尾，或七平聲。這樣的古體聲調，就能分化律句的氣氛。

羅尚在〈詩囈〉中，還從古體詩聲調發展的角度批評了王漁洋僅知唐宋古體聲調的說法，他說：

> 王漁洋七言平仄論，以平韻一種為唐古，知今不知古之瞽說，其論曰：「平韻者，斷不可雜以律句，仄韻者，半非近體，可用似律句。換韻者，已非近體，可用律句。」此論以平韻者為近體，為唐古，不知有漢、魏、晉、南朝。

觀王漁洋所舉之例皆唐宋詩，完全沒有言及漢、魏、晉、南朝古詩聲調，可知王氏的確僅知唐古，不知古體詩聲調自有其歷史發展，在唐以前，基本聲調即已發展完成，難怪羅尚要加以批評了。但王氏並不以唐古為近體，所以才要區隔古、近體聲調，他批評王氏以平韻者為近體、為唐古，恐當是「唐古為古體中之近體」一說的語誤。

（四）七古仄韻一韻到底的聲調

仄韻一韻到底的聲調就簡單多了。一般來說，僅要求不用律句，出句末三字聲調平平平，或平仄平皆可；落句末三字聲調為仄仄仄，或仄平仄。羅尚說：

> 仄韻一韻到底，聲調在唐古與古體之間，可用似律句。所謂似律句者，律詩聲調變一、三聲，皆變而非正，可準變聲律句用之。〔註261〕

他解釋王漁洋所謂「半非近體」，就是指聲調在唐古與古體之間，所謂「似律句」，是指律句聲調僅變一、三聲，餘皆不變。但「似律句」一語其實並不正確，他引用李漁叔的說法，說：

> 漁叔師曾言，變聲律調，已非純律調，用於古體詩中，似不應作律調論。〔註262〕

因此在〈詩囈〉中批評：

> 何來似律句，律句一三五七可變，有變無似。

既然變了聲調，就不是律句了，無所謂似律句。既然不是律句，用了也無妨了。

另外，網路上的「古典詩圃」網站，在其「名家論詩」網頁中有〈古體

〔註261〕見《古典詩形式說》，頁36。
〔註262〕見《古典詩形式說》，頁46。

詩聲調〉一文，〔註263〕刊載此文乃由羅尚講解，張允中、楊維仁、王淩蓮
記錄整理，其中有明顯錯誤的解說，為免詒誤學者，就此指出、糾正。此文
說：

> 仄韻一韻到底的七古，剛好顛倒過來，也就是上句二仄五平，下句
> 三仄（末三字若非「仄仄仄」，即為「仄平仄」），其理與平韻一韻到
> 底的七古相同。

羅尚所說的「顛倒過來」，是指仄韻一韻到底的出句末三字聲調是平韻一韻
到底的落句末三字聲調，也就是上文所說的平平平，或平仄平，仄韻一韻到
底的落句末三字聲調是平韻一韻到底的出句末三字聲調，也就是上文所說的
仄仄仄，或仄平仄。若比對杜甫〈哀江頭〉、韓愈〈寒食日出遊〉、韓愈〈贈
崔立之評事〉諸詩，便可得知，不可能出現出句二仄五平的通例的。

（五）七古換韻的聲調

平仄換韻的聲調最自由，若落句押平韻，則出句用仄聲；若落句押仄韻，
則出句用平聲。近體詩不換韻，而這種換韻的形式先天就不像近體，不用顧
慮可能與近體混淆，所以用律句也無妨。羅尚說，這種形式也不是唐古，張
衡〈四愁詩〉是換韻之例，〔註264〕也可參考唐張若虛〈春江花月夜〉一詩。

（六）五古聲調

說明七古聲調後，五古聲調自然浮現，因為五言聲調只是七言聲調去其
上二字所形成。因此，五古聲調可以比照七古聲調，以分別律詩聲調為原則。
羅尚說平韻一韻到底的聲調是：

> 出句第三字必用仄聲，為｜｜｜（仄仄仄），或｜—｜（仄平仄）。
> 落句第三字必用平聲，為———（平平平），或—｜—（平仄平）。
> 出句、落句，五仄、五平亦可。〔註265〕

〈古體詩聲調〉中又要求下句第二字要仄聲，〔註266〕但既然第三字要平聲，
又可五平、第一字的平仄可不論，則此要求並無實際的必要了。至於仄韻一
韻到底者、換韻者，皆可依此比照七古後五字聲調，李白〈下終南山過斛斯

〔註263〕〈古體詩聲調〉，見網路「古典詩圃—名家論詩」，網址：http://www.ktjh.tp.edu.
tw/yang527/h1.htm。
〔註264〕羅尚說：「平仄換用於一篇之中，根本不是唐古。」見《古典詩形式說》，頁36。
〔註265〕見《古典詩形式說》，頁55。
〔註266〕見〈古體詩聲調〉，網路「古典詩圃—名家論詩」，網址：http://www.ktjh.tp.edu.
tw/yang527/h1.htm。

山人宿置酒〉、〈月下獨酌〉，杜甫〈贈衛八處士〉、〈佳人〉，韋應物〈郡齋雨中與諸文士燕集〉，皆可爲範例。

《古典詩形式說》中說五古聲調，可分唐古、選體二種，上述即是唐古聲調。至於選體，並無一定的聲調限制，羅尚說：

> 曾剛甫論詩七絕，論柳宗元詩云：「不安唐古氣堂堂，五言直逼〈華子岡〉。」〈華子岡〉是謝靈運的名篇，是選體，也就是唐以前，漢以後的五言詩體。這中間收入《昭明文選》有代表性的五言詩，稱爲選體。選體唐律五言，分別在語氣與用字方面，聲調則唐律、唐古有聲調，選體無聲調可言。作選體五古，難免混入五律句法。又有原則，混入一律句，上句或下句，用純古體聲調，以分化其律的氣氛。如用律句一聯入五古，則此聯之上下句，別用純古體聲調以爲分化氣氛。〔註 267〕

上述謝靈運〈華子岡〉一詩，即是〈入華子岡是麻原第三谷〉。〈古體詩聲調〉中說，五古就型式而言，可以分唐古、選體、樂府三類，但三者並無重大區別。〔註 268〕既然無法在型式、聲調上分別，那就只能在用字、語氣、意態、情趣判定。所以羅尚總強調要多讀書，有了富足的學識，才能判定其分別所在，並從事古詩、選體的創作。〔註 269〕

三、近體詩聲調的特殊規範

因各大學院校的教授、古典詩學會的推動，近體詩聲律已爲今日學者所熟習，故本文不再多言，但依羅尚的說解提出一些基本而易失誤的規則，以及他與前人所論有不同者，使近體詩聲調的要求更確實。

〔註 267〕見《古典詩形式說》，頁 55。

〔註 268〕見〈古體詩聲調〉，網路「古典詩圃—名家論詩」，網址：http://www.ktjh.tp.edu.tw/yang527/h1.htm。

〔註 269〕〈詩囈〉云：「詩從聲調認識古近體是形式，從造句語藻、意態、情趣分別古近體是學問。不知此，不能作選體詩。也不能作五七言古詩。」〈古體詩聲調〉云：「古詩創作極爲自由，然而爲了質感厚實，宜用板重、沉厚之辭，若能參考漢賦的文字運用更佳。唐人古詩之中，宜學老杜、韓退之、李義山。」又曰：「古詩要寫得高妙，必須多讀書，除詩詞之外，諸子、史籍均須涉獵，腹中有書，筆下方能有詞有句。」都是同一意義，也在指點後學創作門徑。〈古體詩聲調〉，見網路「古典詩圃—名家論詩」，網址：http://www.ktjh.tp.edu.tw/yang527/h1.htm。

羅尚重視杜律，認爲應從杜律求索規範：

> 杜以後無人不學杜，五七言律詩，尤其是杜詩聖處功夫，老去更於
> 詩律細，千年以來，尚無人提出反對意見，可見杜律有其權威性，
> 若論取法乎上，必以杜律爲法。〔註270〕

杜甫自謂：「晚節漸於詩律細。」〔註271〕後人亦從杜律尋求聲調，無反對者。
因此可從杜律瞭解聲調的運用。

　　七律除熟習的基本聲調外，首先應注意的是「雙句第三聲當平不可換
仄」。羅尚說：

> 詩聖杜甫，對於孤平不用，是絕對遵守的，因此第三字當平不可換
> 仄，乃是律中之律，非守規則不可。除救聲外，其他任何說詞，蓋
> 歸俗論。〔註272〕

這是對押平韻詩的要求，此句的原聲調爲「仄仄平平仄仄平」，若改第三字
爲仄聲，則成孤平，孤平不可用，因此不能更改。王漁洋《律詩定體》亦指
出：「凡雙句第三字應仄聲者可換平聲，應平者不可換仄聲。」〔註273〕

　　至於救聲之說，首先應當聲明，既是「律體」，就當嚴守聲律，不可違
犯，萬不得已才用救聲。救聲的使用是因應第三字改爲平聲，孤平不可用，
故改第五字的仄聲爲平聲，以爲救聲，於是聲調變成「仄仄仄平平仄平」，
或者因爲固定、專有名詞不能改變，才改第五字爲平聲，成爲「仄仄平平平
仄平」，但經此一改，末三字聲調就變成「平仄平」，成爲七古聲調，而非近
體詩聲調了，所以此聲調在近體詩中不可常用，萬不得已才用。羅尚以〈諸
將〉五首、〈秋興〉八首、〈詠懷古跡〉五首爲例說明，僅有「回首扶桑銅柱
標」一句有異，但「銅柱」係固定名詞，不得不如此。

　　再者，應注意「律詩單句，四聲遞用」的規則，他說：

> 七律單句末一字，正好一平三仄，四聲用到。……不可連用二上、
> 二入、二去聲，要上去入間隔使用。爲了調利口吻，在律言律，此
> 不可不知。五律相同。〔註274〕

爲了調利口吻，應使單句末一字自成四聲，如若不行，也不可連用二上、二

〔註270〕見《古典詩形式說》，頁3。
〔註271〕見〈遣悶戲呈路十九曹長〉，杜甫著，仇兆鰲注：《杜詩詳注》，頁1062。
〔註272〕見《古典詩形式說》，頁7。
〔註273〕見王士禎：《律詩定體》。此書收入於丁福保編：《清詩話》，頁114。
〔註274〕見《古典詩形式說》，頁14。

去、二入聲，上去入要間隔使用，不可疊出。朱彝尊《曝書亭集・寄查德尹編修書》中載李天生之論曰：「凡五七言近體……至於一三五七句用仄字上去入三聲，少陵必隔別用之，莫有疊出者。」〔註275〕羅尚的論說與他相同。

　　除了上文指出的拗聲句萬不得已不可使用外，羅尚還提及其他的拗救句型，但必先強調：

> 就近體範圍而言，仄平仄，平仄平，屬於拗聲句，近體詩用拗聲句，
> 大家往往有之。懂得用拗聲句，才懂得作健，但不可常用。〔註276〕

用拗聲句的目的是在求「健」，也就是聲調鏗鏘，氣力勁健，但不可常用。雖然大家往往有此體，但若非音義克諧，仍屬瑕疵。張夢機先生說得更圓融：「律絕五七言平仄有拗用者，或因拗而轉諧，或反諧以取勢，蓋一經拗折，詞格愈顯嶙峋，氣宇愈覺傲兀，神清骨峻，韻高格古，所謂金石未作，鐘磬聲和，渾然有律呂外意也。」〔註277〕不論拗救強調健或諧，都必須使詩作較不拗救時更好，羅尚論七絕時補充說：

> 七絕拗一聲無妨，如：「萬里長征人未還」。人字當仄用平。如：「羌
> 笛何須怨楊柳」。怨字當平用仄。無妨，但要意好。二句皆唐壓卷詩
> 之一。〔註278〕

七絕雖可拗一聲，但若意不甚佳，則不可用。「平平仄仄仄平平」之句，則不可拗為「平平仄仄平仄平」。在七律中也是如此，羅尚說：

> 七律第七句，如是仄調，拗一聲最多。杜律如：「多少材官守涇渭」。
> 如「庾信平生最蕭瑟」。守字最字，皆是拗聲，當平做仄，而涇蕭二
> 字，又當仄作平。這是一拗一救之法。第七句如是平調也可拗一聲。
> 如：「故人疑是見顏色」，見字拗。〔註279〕

若是意不好，終不可使用。

　　五律中有較特別的情形，羅尚說：

> 杜甫五律，起句往往有四仄五仄聲，第二句用四平聲以救聲。如
> 〈歸來〉一首：「客裡有所適，歸來知路難。」如〈嚴鄭公宅同詠

〔註275〕見朱彝尊：《曝書亭集》（台北：世界，1964年2月），頁416。

〔註276〕見《古典詩形式說》，頁6。

〔註277〕見張夢機：《近體詩發凡》（台北：臺灣中華，1970年6月），頁103。此書第
　　　　六章專章討論單拗、雙拗及其救法，討論甚詳，頗具參考價值，頁103～128。
　　　　羅尚之論不及，或與之相同者，本文都不再論述，僅說明少數不同之處。

〔註278〕見《古典詩形式說》，頁14。

〔註279〕見《古典詩形式說》，頁14～15。

竹得香字〉一首：「綠竹半含籜，新梢繞出牆。」〔註280〕

此法是雙拗體的一種，他認爲起句如果用四仄、五仄，則第二句用四平聲以救聲，如上舉二例。張夢機先生則更明確指出，宜在第三字用平聲救：「五律出句凡五字全仄、及仄仄平仄仄、平仄仄仄仄等句，皆宜於對句第三字用平聲救轉，以暢其音。」〔註281〕此法亦有變例，如王維〈終南別業〉：「中歲頗好道，晚家南山陲。」則連第四字一起拗聲了。

四、吳　體

　　吳體一名，首見於杜甫〈愁〉，題下自注：「強戲爲吳體。」其後的唐代詩人，亦僅有皮日休、陸龜蒙以此體迭爲唱和八首。

　　吳體的定義，向無確說。羅尙熟知古體聲調，對吳體有相當簡明扼要的看法，他說：

　　　　拗體一種，又稱吳體，全用古體聲作七律，不講黏對。〔註282〕

他認爲吳體屬於七律，運用古體聲調，有對偶之律，但不講黏對，所以也可以說是古體律詩。至於他的說法對不對，可以從唐人吳體詩、歸納前人說法來檢驗。

　　先指出古體詩聲調，七古聲調與律體聲調不同，律體最不能接受的聲調、需要拗救的聲調，就是古體聲調，著重每句末三字，最好能成爲仄平仄（｜－｜），仄仄仄（｜｜｜），平平平（———），平仄平（－｜－）。上文「古體詩聲調」已詳細說明，在此僅特別拈出要則。

　　再從前人的說法來看。方回《瀛奎律髓》卷二十五「拗字類」下云：「拗字詩在老杜集七言律詩中，謂之吳體。老杜七言律一百五十九首，此體凡十九出。不止句中拗一字，往往神出鬼沒，雖拗字甚多而骨格愈峻。……五言律亦有拗者，……但不如七言吳體全拗爾。」〔註283〕他認爲吳體屬七律，但拗字甚多，與一般拗救不同，五律無此體。顯然他並未比較吳體與古調的分別。

　　《唐宋詩醇》云：「拗體全用古調，亦覺過苦，正喜其蒼秀。」〔註284〕

〔註280〕見《古典詩形式說》，頁13。
〔註281〕見張夢機：《近體詩發凡》，頁116。
〔註282〕見《古典詩形式說》，頁15。
〔註283〕見方回《瀛奎律髓》（台北：藝文，未註明出版年月），卷二十五「拗字類」。
〔註284〕見清高宗御選：《唐宋詩醇》（台北：臺灣中華，1971年1月），頁361，〈鄭

所稱的「拗體」應是吳體，可惜未明確指出，但指出聲調「全用古調」，相當
明確。

　　郭紹虞在〈論吳體〉中提出「必須用拗句而同時兼拗對或拗黏」，才是
吳體，又說：「吳體雖用古調，然與古體不同。昔人論律，本有音律法律二
義，吳體不過不合音律，至於對偶之法未嘗破壞。」〔註285〕認為吳體運用
古調，有對偶，全詩必有拗黏、拗對，不過沒有指出一詩中有幾句用古調。
此說有二點尚待商榷：一，範圍過寬，如杜甫〈奉寄章十侍御〉云：「淮海
維揚一俊人，金章紫綬照青春。指麾能事迴天地，訓練強兵動鬼神。湘西不
得歸關羽，河內猶宜借寇恂。朝覲從容問幽仄，勿云江漢有垂綸。」〔註286〕
雖然四、五句拗黏，但只有第七句拗，又屬上文羅尚所說的「七律第七句，
一拗一救法」，故不當入於吳體。二，吳體既用古調，就上文「古體詩聲調」
的討論來說，出現拗黏拗對的機率本就非常高，何必特別規範？再說，也可
能出現一詩中全無拗黏拗對的狀況，如杜甫〈鄭駙馬宅宴洞中〉，正是用古
調，又符合對偶之法，可見郭氏之說自相矛盾。

　　陳文華先生〈吳體〉一文，就郭氏之說提出修正：一，句中平仄合律，
或雖拗而經救者，雖然篇中有拗對拗黏，仍不入吳體。二，因首聯平仄失律
（用古調）遂致拗黏拗對，而其餘律度與一般無異者，亦不宜入吳體。因此，
認為杜甫有十八首吳體詩：一，以對句第五字轉救者，包含〈白帝城最高樓〉、
〈七月一日題終明府水樓二首（其二）〉、〈九日〉、〈題省中院壁〉；二，全然
不救者，包含〈愁〉、〈望岳〉、〈立春〉、〈江雨有懷鄭典設〉、〈崔氏東山草堂〉、
〈至後〉、〈早秋苦熱堆案相仍〉、〈晝夢〉、〈題柏學士茅屋〉、〈灩澦〉、〈鄭駙
馬宅宴洞中〉、〈十二月一日三首（其二）〉、〈暮歸〉、〈曉發公安〉。〔註287〕
但這似乎是以律體聲調來作的分類，吳體聲調既屬古體，便不存在救與不救
的問題，張夢機先生便說：「吳體大抵運用古調，不止換一二字平仄，所以

　　駙馬宅宴洞中〉篇末評注。
〔註285〕見郭紹虞：《照隅室古典文學論集（下編）》（上海：上海古籍，1983 年 10 月），
　　　　頁 462，頁 466～467。
〔註286〕見杜甫著，仇兆鰲注：《杜詩詳注》，頁 1093。
〔註287〕見陳文華：《杜甫詩律探微》，臺灣師範大學國文研究所碩士論文，1977 年，
　　　　頁 69～74。此文僅列出十七首，缺〈鄭駙馬宅宴洞中〉，後來經〈吳體〉一
　　　　文修正列入。〈吳體〉，收入張夢機：《古典詩的形式結構》（台北：尚友，1981
　　　　年 12 月），頁 89～97。

拗而不必救，後人讀之，遂覺其縱橫變化，不可端倪。」〔註288〕再者，十八首杜甫吳體詩中，〈立春〉的末句，〈題柏學士茅屋〉的第五句，〈灩澦〉的第六句，都是律句，但其餘各句都用古體聲調，分化了律句的氣氛，仍可說是吳體，但〈望岳〉的頸聯及末句都是律句，雖仍未及詩句的一半，但已經破壞了吳體的整體氣氛，只能算是古體，若要當作吳體，顯然有待商榷。

曹淑娟〈杜黃吳體詩析辨〉一文，將十八首杜甫吳體詩全標上平仄，以及是否為古調、拗救，懷疑〈鄭駙馬宅宴洞中〉、〈立春〉、〈題柏學士茅屋〉、〈灩澦〉四首可能不是吳體。〔註289〕但曹氏不明古調的軌則，自然在古調、拗救的標注上時有錯誤，大大減損了研究所得的正確性。

從上所述可知，吳體運用古體聲調，不須拗救，有對偶，不講黏對，應屬於古體律詩。與羅尚的說法完全相符。

再從唐人吳體詩的聲調來看。唐人詩作標明吳體的僅有九首，是最重要的資料，比起後人的說法，應更為確實。杜甫〈愁〉云：

江草日日喚愁生，巫峽冷冷非世情。

—｜｜｜｜——，—｜｜———｜—。

盤渦鷺浴底心性，獨樹花發自分明。

——｜｜｜｜｜，｜｜｜｜｜——。

十年戎馬暗萬國，異域賓客老孤城。

｜——｜｜—｜，｜｜｜｜｜——。

渭水秦山得見否，人經罷病虎縱橫。

｜｜——｜｜｜，———｜｜｜—。　〔註290〕

皮日休〈奉和魯望早春雪中作吳體見寄〉云：

戚仰噤死不敢語，瓊花雲魄清珊珊。

—｜｜｜｜｜｜，———｜｜——。

溪光冷射觸鸚鵡，柳帶凍脆攢欄杆。

——｜｜｜——，｜｜｜｜｜——。

〔註288〕見張夢機：《讀杜新箋——律髓批杜詮評》（台北：漢光，1987 年 3 月），頁152。

〔註289〕見曹淑娟：〈杜黃吳體詩析辨〉，《中國學術年刊》，第四期（1982 年 6 月），頁161～184。

〔註290〕見杜甫著，仇兆鰲注：《杜詩詳注》，頁1599。

竹根乍燒玉節快，酒面新潑金膏寒。

｜－｜－｜｜｜，｜｜｜｜－｜－。

全吳縹瓦十萬戶，惟君與我如袁安。

－－｜｜｜｜｜，－－｜｜－－－。

皮日休〈奉和魯望獨夜有懷吳體見寄〉：

病鶴帶霧傍獨屋，破巢含雪傾孤梧。

｜｜｜｜－｜｜，《｜－－｜－－。

濯足將加漢光腹，抵掌欲捋梁武鬚。

｜｜｜－｜－｜，｜｜｜｜｜－－。

隱几清吟誰敢敵，枕琴高臥真堪圖。

｜－－－－｜｜，｜｜－－－－－。

此時杜欠高散物，楠瘤作樽石作爐。

｜－｜｜－｜｜，－－｜－｜｜－。

皮日休〈奉和魯望早秋吳體次韻〉：

書淫傳癖窮欲死，讔讔何必頻相仍。

－－｜｜－｜｜，－－｜｜－－－。

日乾陰蘚厚堪剝，藤把敧松牢似繩。

｜－－｜｜－｜，－－｜－－－｜－。

搗藥香侵白裌袖，穿雲潤破烏紗稜。

｜｜－－｜｜｜，－－｜｜－－－。

安得瑤池飲殘酒，半醉騎下垂天鵬。

－｜－－｜－｜，｜｜｜－｜－－。〔註291〕

陸龜蒙〈新秋月夕客有自遠相尋者作吳體二首以贈〉：

風初寥寥月乍滿，杉篁左右供餘清。

－－－－｜｜｜，－－｜｜－－－。

因君一話故山事，憶鶴互應深溪聲。

－－｜｜｜－｜，｜｜｜－－－－。

雲門老僧定未起，白閣道士遙相迎。

－－｜－｜｜｜，｜｜｜｜－－－。

〔註291〕見清聖祖御定：《全唐詩》（台北：文史哲，1978 年 12 月），頁 7069，頁 7071，頁 7083。

世間羽檄日夜急，掉臂欲歸巖下行。

｜—｜｜｜｜｜，｜｜｜——｜—。

驚聞遠客訪良夜，扶病起坐綸巾攲。

——｜｜｜—｜，｜—｜｜｜—。

清談白紵思悄悄，玉繩銀漢光離離。

——｜｜｜｜｜，｜——｜——。

三吳煙霧且如此，百越琛贐來何時。

———｜｜—｜，｜｜｜｜——。

林端片月落未落，強慰別情言後期。

——｜｜｜｜｜，｜｜｜——｜—。

陸龜蒙〈早春雪中作吳體寄襲美〉：

迎春避臘不肯下，欺花凍草還飄然。

——｜｜｜｜｜，——｜｜｜——。

光塡馬窟蓋塞外，勢壓鶴巢偏殿巓。

——｜｜｜｜｜，｜｜｜——｜。

山爐癭節萬狀火，墨突乾衰孤穗煙。

———｜｜｜｜，｜｜——｜—。

君披鶴氅獨自立，何人解道眞神仙。

——｜｜｜｜｜，——｜｜———。

陸龜蒙〈獨夜有懷因作吳體寄襲美〉：

人吟側景抱凍竹，鶴夢缺月沈枯梧。

——｜｜｜｜｜，｜｜｜｜———。

清澗無波鹿無魄，白雲有根蚪有鬚。

—｜——｜——，｜—｜｜——｜。

雲蚪澗鹿眞逸調，刀名錐利非良圖。

——｜｜—｜｜，———｜——。

不然快作燕市飲，笑撫肉朾眠酒壚。

｜—｜｜｜｜｜，｜｜｜———。

陸龜蒙〈早秋吳體寄襲美〉：

荒庭古樹只獨倚，敗蟬殘蛩苦相仍。

——｜｜｜｜｜，｜———｜——。

雖然詩膽大如斗，爭奈愁腸牽似繩。

———｜｜—｜，—｜———｜—。

短燭初添蕙幌影，微風漸折蕉衣稜。

｜｜——｜｜｜，——｜｜｜———。

安得彎弓似明月，快箭拂下西飛鵬。

—｜——｜—｜，｜｜｜｜———。〔註292〕

以上吳體詩全用古體聲調，沒有一句合律，有對偶，不講黏對，可屬七律，但亦可說是古體律詩，殆無疑義。可見羅尚的說法確實無誤。

〔註292〕見清聖祖御定：《全唐詩》，頁7172，頁7174，頁7176，頁7189。

第四章 仁善的開展——詩歌的
##　　　　思想內涵

　　從羅尚對興觀群怨、美刺、眞誠的重視，已約略可見他的思想傾向：堅
持志節的精神，對生民悲苦的慨嘆，對家國滄桑的悽愴，都貫串在他的詩作
中，讓詩作熠熠生輝，令人折服；甚至因爲經歷征戰、家國動亂，而對歷史
人物、思想的評價也有不同的見解，尤其是儒術的意涵。然而這些看似分歧
的觀點，事實上可說是由儒家的仁心性善觀念逐步開展，堅持個人志節、興
觀群怨的傳統，而由生民、家國關懷串起，最終又統合在興觀群怨的文學思
想中。故本章將從堅守志節、仁人胸懷、對故鄉的思念、懷邦撫亂、縱橫儒
術、對歷史人物的省思翻案等方面討論，略述羅尚詩作的思想內涵。

第一節　請爲蒼生更苦吟

　　羅尚任職中華民國駐菲律賓大使秘書期間，辦理一百三十餘所僑校行
政，與當地僑社往來融洽，又與當地詩社唱和，頗得信服，可見他的才能出
眾、見識過人，可惜無緣一展抱負。但他不以爲意，更加以志節惕勵，勤讀
詩書，時時以蒼生悲歡、家國興衰爲念，不屑逢迎干求，對萬物也展現了民
胞物與的人道精神、仁者胸懷。本節將以志節、蒼生的關懷爲主，以人道精
神爲輔，略述羅尚的人格精神。

一、堅守志節

　　羅尚懷抱理想，少年從戎，歷經戰亂、國破，飽嚐亂離苦難，眼見官員

之間干求風氣、裙帶關係、阿諛奉承大行其道，而自己卻位處下僚，空有才德，雖有諷怨之音，但仍不改初衷，不曲意迎合上位者，不僅完全沒有窮愁潦倒的沮喪話，更不斷抒發高遠的理想襟抱，惕勵自己。所以當有人將他比爲黃景仁時，他就加以駁斥，〈兵間〉云：

> 兵間十載鑄詩魂，手造山河一段春。
> 我豈干衣黃仲則，拗蓮搗麝汝何人。〔註1〕

首二句表明經歷、懷抱，大有凜然挺拔、欲回天地的英雄氣概，以「手造山河一段春」突顯「詩魂」的內涵，乃是爲國家盡心盡力、爲蒼生苦吟，期待劫難歷盡，迎來一片春景光明，而不言個人窮愁。羅尚自十六歲，民國二十七（1938）年投筆從戎，到四十（1951）年離職，在軍中十餘年，征戰各地，甚至在六十一（1972）年放棄優渥待遇，爲國家出任駐菲律賓大使秘書，維繫僑社情誼，回國後還曾賦閒一年，如此爲國家犧牲奉獻，只願山河春暖的精神，是黃仲則所沒有的。

　　且羅尚雖然身世飄零，絕無干人氣息，親見生民苦難、國家興衰，將滄桑盡入詩中，充滿對生民的悲憫、對家國的期待，關懷層面的深刻、寬廣，更是黃仲則遠遠不及的。黃氏一生窮困酸苦，詩中多表達讀書人失路的悲哀，有依人干求之意，如〈雜感〉云：「風蓬飄盡悲歌氣，泥絮沾來薄倖名。十有九人堪白眼，百無一用是書生。」〈旅夜〉云：「病馬依人同失路，冷蟬似我只吞聲。」〈雜感四首〉云：「長鋏依人遊未已，短衣射虎氣難平。」〈癸巳除夕偶成二首〉云：「汝輩何知吾自悔，枉拋心力作詩人。」〈獻縣汪丞坐中觀技〉云：「十年挾瑟侯門下，竟日驅車官道旁。」〈都門秋思〉云：「全家都在風聲裡，九月衣裳未剪裁。」〔註2〕困窘淒楚，至有寒慘哀愴意味，令人不忍卒讀。然而黃氏對生民的心聲、悲痛，卻描寫得少，與羅尚相較，有如天壤之別。

　　羅尚自信自己絕非黃仲則之流，故當他人比之爲黃仲則時，即強烈反駁說這是拗蓮搗麝，損人志節，情溢於言。

　　羅尚對自己冰心霜玉的操守頗爲自負，詩中屢屢暢言，如〈碧山〉云：

> 玉霜寒月鍊秋魂，猶怨癡頑損道根。

〔註1〕見《戎庵詩存》次二，頁31。
〔註2〕見黃仲則著，方頲民編校：《兩當軒詩詞全集》（台北：文粹，1959年8月），頁13，頁85，頁143～144，頁214～215，頁258，頁279～280。

是我往來諸相外，不曾投止嘆無門。〔註3〕

形容個人的氣質乃是由玉霜寒月鍛鍊而成，高潔清遠，俊朗挺拔，但並不因此自滿，仍不斷地惕勵奮發，追求更高的境界，不願見殘存的癡頑性情損害道根。彷如神靈往來諸相之外，人世不能羈束。既不受人世羈束，自然不屑於逢迎干求，又怎麼可能悲歡投止無門！前三句勾勒精神格調，一步步呈現弘大高曠的氣度，彷彿與天地精神交遊，沒有止盡，末句自然流露出詩意，氣勢雖然稍弱，但瑕不掩瑜，不減風儀。

羅尚屢屢以卓然而立的性情自我惕勵，〈步行九曲洞燕子口太魯閣訪山民之神不動天尊〉云：「我室榜龍定，不曾感遷謫。九關自牙爪，不曾往叩額。愛閱山海經，不喜縱橫策。」〔註4〕龍定，亦名那伽定，意謂如龍靜潛深淵，能展現大變化而不失定力。以「龍定」為室名，即取此意，不感遷謫，不叩額求進，執政者不愛才、不求才，就不問通顯，如〈絕句〉云：「久已無心問通顯，於今不是愛才時。」高風亮節，骨氣嶙峋，堅貞不移。又如〈湘潭白石詩社李松華以七十自壽韻索和次韻和之〉云：「水火年時今已過，松筠志節老彌堅。」「我輩關心惟道義，人情自古別澆淳。」〔註5〕關心道義，志節如松筠，老而彌堅，自是卓立於炎涼澆薄的人情世態。

羅尚個性耿介，對於需要奉承阿諛的事，一概謝絕，不僅不干求爵祿，也不好求詩名，〈客至談詩記趣〉以談笑的口吻云：

作詩如作官，處處見身分。始聞後輩作，老輩不和韻。
後輩和老輩，奉承表恭敬。老輩和後輩，偶一示恩幸。
我則不受恩，渠自白使性。君知老輩詩，賴後輩點定。
……立名當務實，實至揚令問。〔註6〕

幽默風趣中含有深刻辛辣的嘲諷，對臺灣詩壇諸多人物不從詩歌成就論定評價，不大力提攜後進，反而自矜自傲的講求輩份，頗不以為然，故不求老輩和詩，故意讓老輩空自造作矜負。不僅如此，羅尚還更進一步嘲弄，說老輩的詩有賴後輩點定，可見他的兀傲迂俗。而他自己則在成名後，不忘提攜後進，甚至年高八十，仍為「網路古典詩詞雅集」講解古詩聲律、謀篇佈局，甚至修改詩作，並謙稱詩友，不矯情做作，令人佩服。

〔註3〕見《戎庵詩存》次二，頁33。
〔註4〕見《戎庵詩存》次八，頁373。
〔註5〕見《戎庵詩存》次三，頁75。次十九，頁622～623。
〔註6〕見《戎庵詩存》次二，頁66。

　　但嘲弄歸嘲弄，羅尚的眞意仍在強調「立名當務實」，若能展現實實在在的才華，聲名必定不致埋沒。故〈答陳一豫香港〉云：「予懷坦蕩蕩，四海有吟旅。伐異黨所同，爲誰効心膂。」〔註7〕若是眞英雄，心胸氣度必然不同凡響，所見略同，輒相互傳揚，不會相輕，如他與曾克耑、張夢機教授、蘇文擢、孔凡章的關係，眞可謂「以實學震眞知」；若無眞才實學，一味以世譽相邀，相互吹捧，黨同伐異，只更讓人見到心胸氣度、見識的拙劣。

　　再如〈蒛園白桃花〉，句句寫白桃花，而句句喻人，借白桃花呈現自己的精神氣質：

　　　　群芳譜外一家春，心受冰霜不受暾。

　　　　自去自來劉禹錫，無言無笑息夫人。

　　　　靈山悟道翻由色，逆旅投懷有出塵。

　　　　省識妙因生善果，本來非妄亦非眞。〔註8〕

強調白桃花的「心受冰霜不受暾」、「悟道」、「出塵」，即是形容個人資質由冰霜裁成，即使無人欣賞、遭受挫折打擊，也要堅持潔白的情操，如同劉禹錫、息夫人，〔註9〕並諷刺趨炎附勢的人物。劉禹錫自朗州貶所回到京師，作〈戲贈看花諸君子〉：「紫陌紅塵拂面來，無人不道看花回。玄都觀裏桃千樹，盡是劉郎去後栽。」譏刺執政及趨炎附勢、爭名逐利之徒，辛辣尖刻，因此又遭貶謫，十年後回京，舊事重提，作〈再遊玄都觀絕句〉：「百畝庭中半是苔，桃花淨盡菜花開。種桃道士歸何處，前度劉郎今又來。」〔註10〕堅貞不屈的精神表露無遺，不僅不後悔遭貶、不屈服權勢，還語帶喜悅、感慨，含諷更深。羅尚化用劉禹錫的典故，一面稱讚白桃花的品格，不求浮名，雖不入群芳譜中，仍盡一己之生命，無人亦自芳，而讓春光爛漫，一面也藉此表明自己不求人汲引、不攀附屈從權勢、不求名位的性情，與潘安仁的甘

〔註7〕見《戎庵詩存》次九，頁403。羅尚屢屢批評臺灣當代古典詩壇，如〈文章〉：「海上文章在獵名，清新不見庾蘭成。當年忍俊王師復，無學無才有定評。」〈海上雜詩寄藥樓（張夢機）教授〉：「亂領妖腰大會師，蚍蜉撼樹欲何爲。高名不是沽能得，雅俗仙凡一目知。」見《戎庵詩存》次二十，頁633，次廿五，頁722。

〔註8〕見《戎庵詩存》次十二，頁455。

〔註9〕《左傳》莊公十四年載：楚子滅息，以息嬀歸，生二子，未言。楚子問之，對曰：「吾一婦人，而事二夫，縱弗能死，其又奚言？」見楊伯峻撰：《春秋左傳注》（台北：漢京，1987年9月），頁198～199。羅尚用息夫人事，僅取其堅守不屈之意。

〔註10〕見劉禹錫撰：《劉賓客文集》（台北：臺灣中華，1983年12月），卷24，頁3。

拜路塵大異其趣。

末聯承「悟道」推展，雖有濃厚的禪偈味，但結得巧妙，大似王荊公〈夢〉的偉大抱負，荊公詩云：「知世如夢無所求，無所求心普空寂，還似夢中隨夢境，成就河沙夢功德。」〔註11〕因悟道而知世事非妄非眞、如夢而無所求，故對名位、權勢全無繫念，無所執著，但也正因眞正的悟道，而知悟道並非空無一物，全然不問世事，乃是救度眾生而不矜功，不著諸相，〔註12〕故省識妙因，隨境宛轉，結生善果，成就無盡沙數的夢功德。

羅尙強調的個人志節不僅止於心念生民、不干求，也強調至誠，重視懷邦、念舊，如〈憶湘潭舊遊寄似白石詩社〉云：

　　懷邦念舊本人情，不朽文章出至誠。

　　世亂堅持心不亂，白雲來去寄詩聲。〔註13〕

正因爲重視情意，所以身處亂世，更要有所堅持，爲文也是，只有至誠，才能寫出不朽的文章。羅尙誠摯待人，對於曾經幫助、栽培他的師友，總是不曾忘懷，如老師李漁叔、校長張默君、曾克耑、同門張夢機教授、蔡念壁、蘇文擢，屢屢在詩中提及。

對於動亂的家國，羅尙亦有如同李商隱的胸襟懷抱，如〈道瞻以除夕詩索和次韻奉答〉中云：

　　夢中歲月花爭發，戒外乾坤水逆流。

　　耿耿義山孤願在，要回天地入扁舟。

又如〈秋水詞〉：

　　秋水江湖問淺深，諸侯賓客到而今。

　　扁舟白髮歸何處，只有荊公一再吟。〔註14〕

義山〈安定城樓〉寫個人抱負：「永憶江湖歸白髮，欲迴天地入扁舟。」王

〔註11〕見王安石作，李壁注：《王荊公詩李氏注》（台北，鼎文，1979年9月），卷四，頁9。

〔註12〕《金剛經》中佛告須菩提：「諸菩薩摩訶薩，應如是降伏其心：所有一切眾生之類——若卵生、若胎生、若濕生、若化生；若有色、若無色；若有想、若無想；若非有想非無想，我皆令入無餘涅槃而滅度之。如是滅度無量無數無邊眾生，實無眾生得滅度者。何以故？須菩提！若菩薩有我相、人相、眾生相、壽者相，即非菩薩。」見徐興無注譯：《新譯金剛經》（台北：三民，1997年1月），頁15～16。

〔註13〕見《戎庵詩存》次十七，頁527。

〔註14〕見《戎庵詩存》次三，頁74，次十一，頁443。

荊公晚年喜稱這兩句，〔註15〕陳永正說：「王安石欣賞這兩句詩，恐怕亦是道出了他一生的心事吧。」〔註16〕羅尚二詩雖襲用舊詞，諷刺了歷來官員的好求權位，不以國家蒼生為念，但一再誦吟，恐怕也是心事相同，〈雨夜偶成〉更化用此意云：「沈思日月回憂患，自古江湖屬隱淪。」〔註17〕今日見群花爭發，歲月流逝迅速，而乾坤顛倒，要迴旋天地而後歸隱的心願更是在胸中迴盪不已。

　　然而時不我予，終究不能一展抱負，家國敗亂，他只能一生學著鄭思肖，空吟心史，如〈客中吟〉云：

> 客來時亦問官銜，說與階前草未芟。
>
> 烹茗拂塵須黑婢，入鄉隨俗著花衫。
>
> 人皆發夢攀銅筆，我獨題詩付鐵函。
>
> 天老海枯心史在，九霄明月為誰嵌。〔註18〕

這是羅尚在菲律賓任大使秘書時所作。首聯點出個人對權位的冷漠，只是盡心力為國做事，關懷家國，當他人以官銜相問時，只淡淡的說道「階前草未芟」，彷彿事不關己，全然不是用心之處。頸聯則以對比方式將心意和盤托出，彷如眾人皆醉我獨醒，只學鄭思肖題詩付於鐵函中，縱使天老海枯，亦將長存，比九霄明月更加輝映、更動人心魄。

　　宋元之際，鄭思肖（字憶翁，號所南）作《心史》，以鐵函、石灰、錫匣、蠟漆、紙，層層裹封，沈藏於蘇州承天寺井中，明崇禎十一（1638）年寺僧浚井發現，故又稱《鐵函心史》、《井中心史》，外題《大宋鐵函經》，內層包紙上題「大宋孤臣鄭思肖百拜封」，以詩文記述南宋亡國之痛，揭露入侵者的血腥罪惡，字字血淚，慷慨激昂。〔註19〕

〔註15〕《蔡寬夫詩話》載：「王荊公晚年亦喜稱義山詩，以為唐人知學老杜而得其藩籬者，唯義山一人而已。每誦其『雪嶺未歸天外使，松州猶駐殿前軍』，『永憶江湖歸白髮，欲迴天地入扁舟』與『池光不受月，暮氣欲沈山』，『江海三年客，乾坤百戰場』之類，雖老杜無以為過。」見胡仔：《苕溪漁隱叢話・前集》卷二十二，頁146。

〔註16〕見陳永正選注：《李商隱詩選》（台北：遠流，1988年7月），頁66。

〔註17〕見《戎庵詩存》次廿二，頁681。

〔註18〕見《戎庵詩存》次六，頁230。

〔註19〕詳見鄭思肖：《鐵函心史》（台北：世界，1975年7月），張國維〈宋鄭所南先生心史序〉。參見顧炎武撰：《顧亭林詩文集》（台北：漢京，1984年3月），詩集卷五〈井中心史歌〉，頁409～410。

　　羅尚詩中屢述時局風貌，頗富時代精神，不僅寫出上位者的貪暴無知、內戰的節節敗退，更寫出退守臺灣後的政治、社會情狀、對家國敗亂的傷痛，寓詞託諷，譏刺入骨，無一點干求攀輩之意，具見風格節操，自有精神如鄭思肖。

　　又如〈滄海翁弟二篇〉，自豪英年時有可比陸游金戈鐵馬的精神：

> 病起無聊得判世，郊扉展望樂秋霽。
>
> 長空不見賓鴻來，我在周南久留滯。
>
> 英年吐氣生長虹，華顛仰首觀昭融。
>
> 樓船鐵馬陸務觀，釣竿詩卷滄海翁。〔註20〕

滄海翁是羅尚別號，為香港蘇文擢教授所賜。前四句寫因秋霽眺望長空，而興起羈旅鄉愁。後四句寫英年豪邁俊偉，氣湧如山，能生長虹，志在靖塵，也實際投身軍旅，報效國家，如陸務觀〈書憤〉云：「樓船夜雪瓜洲渡，鐵馬秋風大散關。」有豪傑之氣。可惜髮白人老，雖有挑燈看劍的雄心，仍期待國家前程一片光明，但已似歸隱，只有釣竿、詩卷相伴，唯不務干求，一如往常。〈湘潭白石詩社社長田翠竹漁叔先生之從妹夫也有八十自壽七律十首囑和一二因另作二首寄去〉亦云：「子山無限江關在，釣渭干人直是痴。」〔註21〕內心縈念著無限江關，又豈會為著個人出路、升遷，如同姜尚老年釣渭干人呢？

　　羅尚又借元好問的事蹟說明個人心志，如〈凡章鄉詩老示甲戌迎春十律次韻奉和〉中云：

> 他日草亭修野史，暮年心地長情苗。
>
> 春工做出人間世，綵筆收來破寂寥。〔註22〕

元好問晚年以「國亡史作，己所當任」的決心，欲以一己之力纂修金史，於是在家中築「野史亭」，做為存放有關資料和編輯寫作的地方。可惜天不從人願，雖採摭金源君臣遺言往行，記錄達百餘萬言，但壯志未酬，書未成而人先歿。〔註23〕羅尚意欲學習元好問，將記史的精神直貫於詩中，既抒發一己的精神，又窮究天人之際，宛如綵筆重現天意春工。

〔註20〕見《戎庵詩存》次十七，頁538。

〔註21〕見《戎庵詩存》次十九，頁605。

〔註22〕見《戎庵詩存》次廿一，頁657。

〔註23〕參見元・脫脫等撰，楊家駱主編：《新校本宋史》（台北：鼎文，1995年6月），頁2742〜2743。

即使畫竹時，一樣不改心意，如〈寫竹〉云：

十五年來客海濱，萬方辛苦我吟骿。

鐵頑那解函心史，付與琅玕萬古青。

山中無友友修篁，露粉風枝細細香。

遠夢未回天燠熱，借它濃翠護清涼。〔註24〕

鐵函頑固，不能融透個人心志，但繪畫、書法，一筆一畫卻都如同心史，充溢著個人的精神修養，故不學鄭思肖以鐵函裹《心史》，而將萬方辛苦、個人伶俜，都付與筆下墨竹，助它精神奕奕，與春工天意崢嶸，萬古長青。精神意態相當鮮活。

若山中無友，則與修竹為友，品味清風飄送的竹香，即使天氣燠熱，仍有濃翠護住清涼。不求汲引，不衒玉求售，高潔出塵，相得益彰。

又如〈客有為余造鐵笛一支發音嘹喨〉云：

關山月冷五溪深，誰識南征萬古心。

不剪柯亭裁白鐵，倚樓吹作水龍吟。〔註25〕

柯亭典故出自蔡邕、桓伊，蔡邕有次經過會稽柯亭（又名高遷亭），見屋椽竹東間第十六枝可以為笛，取來製作後，果有異聲。〔註26〕後來淝水戰中擊破苻堅，安定東晉的大將桓伊得到此笛，常自吹之。〔註27〕羅尚以柯亭點出當年南征，欲靖邊塵的萬古雄心，而今寥落臺灣，人多不解，鄉心深沈，只能聊吹鐵笛，讓嘹亮的笛音抒發情志。慷慨激昂，感慨萬千，有如水龍悲吟。

羅尚未能迴天旋地，又見政事紊亂，軍旅生涯不足以安身立命，遂期待粗衣疏糲，讀書以終，如〈夜讀社課〉云：

數日不開卷，鄙吝潛抽萌。嘗聞古貧士，發奮能囊螢。

尚可具膏火，胡不親百城。文史足三冬，西閒夜氣清。

梅香入戶牖，欣然杯一傾。啟問前哲輩，何時觀太平。

泊余困世網，相對惟佳兵。地若有桃源，往矣追淵明。

心遊亦自好，厭此蝸角爭。玉堂金蓮炬，不及短燈檠。

〔註24〕見《戎庵詩存》次三，頁124。

〔註25〕見《戎庵詩存》次五，頁209。

〔註26〕見范曄撰，楊家駱主編：《新校本後漢書》（台北：鼎文，1994年3月），〈蔡邕傳〉，頁2004，註三條。

〔註27〕見房玄齡等撰，楊家駱主編：《新校本晉書》（台北：鼎文，1995年6月），桓伊傳附於〈桓宣傳〉中，頁2118。

呀嗚佔畢聲，和以金雞鳴。蒼天倘厚我，讀書終此生。〔註28〕
由數日不讀書，鄙吝隱隱萌發，娓娓道來，〔註29〕接應自然，平易暢達。藉
車胤家貧，猶囊螢讀書，〔註30〕言今日可備燈火，更應奮發，讀遍群書，有
文史相伴，雖在三多，亦不復孤冷，可以欣悅溫暖。「文史」四句，有清逸
之氣。「啓問」二句是一轉折，帶出「泊余」以下六句，亦逗漏出對蒼生家
國的關懷。「泊余」六句，藉由親身經歷的兵戎禍亂突顯讀書之樂、對隱逸
生活的嚮往，使性好自然、讀書之樂更加眞實，不致落空成虛。「玉堂」六
句收束，以「短燈檠」呼應「膏火」，短燈照書夜讀，自然要比燃金蓮大炬
要來得親切有味，也流露出不求奢華冠蓋，只求樸實簡約的性情。「讀書終
此生」，自是一篇心志所在。

羅尙頗能得讀書意趣，屢言讀書是最稱心之處，如〈房惠膺選第四屆全
國十大傑出女青年〉云：「他時第一稱心處，展卷明窗共讀書。」〈秋晚感時〉
云：「路迷山鬼竹，聲苦水仙琴。已在稱翁列，猶存問學心。」〔註31〕藉〈九
歌〉中對「山鬼」的描繪：「余處幽篁兮中不見天，路險難兮獨後來。」〔註32〕
及伯牙學琴，「但聞海上水汨汨湍湍之聲，山林窅冥，群鳥悲號，遂爲天下
妙手」，〔註33〕稱自己迷途於險阻中，雖然專心向學較晚，但有志於此，終
有所得，且持續不斷，雖然年華老大，猶存問學之心，不敢懈怠。〈北歸得
陳文銓約晤台南快信云暑假來台北師大國研所進修〉更云：「人生未必眞如
夢，學問還求可放心。」〔註34〕學問的眞意乃在安定心志，若能安定心志，
人生就不是夢，不需外求繁華富麗、苦覓僻靜隱地，觸處就有無限生機，所

〔註28〕 見《戎庵詩存》次七，頁359。

〔註29〕 《世說新語‧德行》載周子居常云：「吾時月不見黃叔度（黃憲），則鄙吝之心
已復生矣。」見余嘉錫：《世說新語箋疏》（台北：華正，1993年10月），頁3。

〔註30〕 車胤恭勤不倦，博學多通，家貧不常得油，夏月則練囊盛數十螢火以照書，
以夜繼日焉。見，房玄齡等撰，楊家駱主編：《新校本晉書》（台北：鼎文，
1995年6月），頁2177。

〔註31〕 見《戎庵詩存》次五，頁216。次十七，頁540。

〔註32〕 見洪興祖：《楚辭補注》（台北：天工，1989年9月），頁80。

〔註33〕 吳兢：《樂府古題要解‧水仙操》載伯牙學鼓琴於成連先生，三年而成。至於
精神寂寞，情志專一，尙未能也。成連云：「吾師子春在海中，能移人情。」
乃與伯牙延望，無人。至蓬萊山，留伯牙曰：「吾將迎吾師。」刺船而去，旬
時不返，但聞海上水汨汨湍湍之聲。山林窅冥，群鳥悲號，愴然嘆曰：「先生
將移我情。」乃援琴而歌之。曲終，成連刺船而還。伯牙遂爲天下妙手。見
丁福保輯：《歷代詩話續編》（台北：木鐸，1988年8月），頁56～57。

〔註34〕 見《戎庵詩存》次二十，頁637。

在之地即是淨土，自有華枝春滿，天心月圓。

讀書有成，則能胸懷六合而不忘人情，如〈戊寅冬七七生朝作〉云：

> 蓬轉萍飄七七年，聲華如夢夢如煙。
>
> 欲回天地成虛願，能讀詩書亦偶然。
>
> 師友相攜青眼在，壇壝雜遝白頭憐。
>
> 懷胸六合爲歸宿，何事遺山笑後天。〔註35〕

此詩作於七十七歲時，歷數一生心事，一聯緊扣一聯。迴旋天地的心願落空，又見官員的品格、能力良莠不齊，不能安頓蒼生，而生無限感慨，唯感激師友相攜，慰勉感發，終使讀書有成，胸懷六合，以爲歸宿，與造物者同遊，至於歲壽短長，內心全無係著，故「後天而老」的說法是否眞實，都無須計較。全詩感慨錯綜，情眞意摯，胸懷開闊，而自有安定穩重的意味。

〈七疊詩韻酬藥樓〉亦云：「世外潛居無我相，書中妙契少人知。如今只有張平子，六合懷胸鑒不遺。」〔註36〕以「無我相」與書中妙契相互印證，以見體悟眞實不虛。羅尚自信讀書有成，能深悟書中妙契，而知「無我」的眞意，故胸懷六合，超然世外，但不忘同門之誼。藥樓，是張夢機教授的號，讚美只有如同張衡才識的張教授，才能完全了解他的氣節、氣度，而爲莫逆之交。〈和蔡琢章同社韻〉曾云：「白雲有質也輸輕，況與滄桑變幻爭。自是忘情殊未得，更拋心力學鍾情。」〔註37〕以白雲的輕巧變幻仍有質實，不如滄桑的變幻，則知忘情甚難，更何況是人呢？既然無法忘情，就更當鍾情，然而所要鍾情的，不該是點頭之交，而是相知相惜的莫逆。

既然超然世外，淡泊處世，也就深愛平實，不愛斑斕豔麗，如〈鬱金香簡錦松攜來〉云：

> 名花肥艷鬱金香，白白紅紅在小堂。
>
> 我老不看妃子相，煩卿改作道家裝。〔註38〕

白白紅紅的鬱金香，平增小堂姿采，但羅尚卻不愛這樣的雍容貴氣，希望它改作樸素平實的道家裝扮，彷彿過多的彩藻與素淡的小堂不能相稱。畢竟矍鑠的精神不需華貴的外在來襯托，在平淡之中，反而更能突顯他的眞淳。全詩意旨在後二句，有清矍之氣，前二句作襯托用。

〔註35〕見《戎庵詩存》次廿五，頁730。
〔註36〕見《戎庵詩存》次廿五，頁729。
〔註37〕見《戎庵詩存》次二，頁14。
〔註38〕見《戎庵詩存》次十九，頁625。

性愛淡泊，並非冷漠麻木，而是了無世俗之情，沒有世俗之情的牽累，
更懂得鍾情，相應於誠摯的情意，如〈再練墨竹〉云：

> 好竹連山可奈何，披雲亭上放高歌。
>
> 斷絃正爲知音少，灑墨新來糙手多。
>
> 鶻落秋霄看俊逸，龍蟠勁節老研磨。
>
> 衝關倘有英靈士，不惜辛勞導九河。〔註39〕

首聯已將畫中之景與胸中意蘊連成一片，胸中的竹林千頃頃刻間化成畫裡連
山的竹林蒼蒼，更由此興懷，想像人在披雲亭上壯懷高歌，磊落嶔崎，胸懷
開闊。奈何，是無可如何之意，下啓頷聯。頷聯頓挫，用鍾子期、伯牙的典
故，〔註40〕抒發黃鍾毀棄，瓦釜雷鳴，知音難遇的慨嘆。頸聯承「放高歌」
而來，提振整章的氣勢，鶻落秋霄，龍盤勁節，有俊逸、堅毅、老成的神態，
氣度不凡。末聯總結，願竭誠提攜英靈奮發的才士，可見羅尚的用心良苦，
肝膽照人，絕非獨善其身的隱士。

　　羅尚這樣的心志，並非年紀老大才培育而成，從年輕之作〈夜吟〉，已可
見端倪：

> 側耳誰彈海上琴，風濤初定夜沈沈。
>
> 西山木石知多少，付與微禽試壯心。〔註41〕

藉成連先生教伯牙海上習琴、精衛填海的故事，寫個人的壯志豪情，雖然力
量微小，恐難勝任，但壯心與天齊高，不可扼抑，有悲壯雄邁的氣概。又如
〈見白菊花〉云：

> 人間猶是義熙年，十願閑情亦可憐。
>
> 墜地星辰生白菊，一杯相祝起行天。〔註42〕

見菊花而想起愛菊的陶淵明，他身處晉宋之際兵戈亂離的世代，以象徵法作
〈閑情賦〉，其中述十願，包含願在衣爲領、在裳爲帶、在髮爲澤、在眉爲
黛、在莞爲席、在晝爲影、在夜爲燭、在竹爲扇、在木爲桐，〔註43〕極陳對

〔註39〕見《戎庵詩存》次二十，頁634。
〔註40〕《呂氏春秋·本味》載：伯牙鼓琴，鍾子期聽之，方鼓琴而志在太山，鍾子
　　　　期曰：「善哉乎鼓琴，巍巍乎若太山。」少選之間，而志在流水，鍾子期又曰：
　　　　「善哉乎鼓琴，湯湯乎若流水。」鍾子期死，伯牙破琴絕弦，終身不復鼓琴。
　　　　見陳奇猷：《呂氏春秋校釋》（台北：華正，1988年8月），頁740。
〔註41〕見《戎庵詩存》次四，頁157。
〔註42〕見《戎庵詩存》次六，頁251。
〔註43〕陶淵明〈閑情賦〉十願：「願在衣而爲領，承華首之餘芳；悲羅襟之宵離，怨

美好理想的祈慕、嚮往、執著,及失落的悲傷,並反襯出亂離之下的不得意。羅尚的壯年歲月與陶淵明相似,故生無限感慨。第三句意義一轉,想像白菊是由星辰墜地所生,故以杯酒祝福星辰能重新抖擻精神,再次高行天上,萌發燦爛輝光。

二、仁人胸懷

羅尚有迴天旋地的大願,關懷蒼生、家國,但本文此處只就偏重蒼生的詩作探討,偏重家國詩作的探討則置於下一節,及第五章中。再者,羅尚的關懷不止於人,更推展至含生之倫,富有人道精神,也在此一並探討。

羅尚〈答蔡念璧〉中曾云:「言談不幸能千古,請爲蒼生更苦吟。」既勉人,亦以自勉,〈絕句〉亦云:「十年蒿目對艱危,方寸仍須付小詩。終得有情吟宛轉,不妨文字已亡時。」〔註44〕即使古典詩衰廢,海上文章獵名,也要繼續苦吟,吟出蒼生的哀苦與祈願。

考察羅尚詩作,果眞確確實實地實踐他的志願,如〈歲暮〉云:

> 飄泊空餘寶劍篇,山齋對酒月如煙。
>
> 深杯盡是蒼生淚,梅發南枝又一年。〔註45〕

首句化用李商隱〈風雨〉:「凄涼寶劍篇,羈泊欲窮年。」〈寶劍篇(一作古劍篇)〉是唐・郭震的名作,詩末云:「何言中路遭棄捐,零落飄淪古獄邊。雖復塵埋無所用,猶能夜夜氣衝天。」〔註46〕藉寶劍沈埋喻自己飄零淪落,徒有匡世的志向,但寶劍依然寶劍,人才終是人才,雖然飄零淪落,仍舊劍氣沖天,心懷百姓。故山齋對酒,月色如煙,在一片寥落、蒼茫、凄美的景象中,個人的漂泊凄涼,就更能同情共感蒼生的苦痛、家國的破碎,甚至完

秋夜之未央!願在裳而爲帶,束窈窕之纖身;嗟溫涼之異氣,或脫故而服新!願在髮而爲澤,刷玄鬢於頹肩;悲佳人之屢沐,從白水而枯煎!願在眉而爲黛,隨瞻視以閒揚;悲脂粉之尚鮮,或取毀於華妝!願在莞而爲席,安弱體於三秋;悲文茵之代御,方經年而見求!願在絲而爲履,附素足以周旋;悲行止之有節,空委棄於床前!願在晝而爲影,常依形而西東;悲高樹之多蔭,慨有時而不同!願在夜而爲燭,照玉容於兩楹;悲扶桑之舒光,奄滅景而藏明!願在竹而爲扇,含凄飇於柔握;悲白露之晨零,顧襟袖以緬邈!願在木而爲桐,作膝上之鳴琴;悲樂極而哀來,終推我而輟音!」見陶潛撰,陶澍注:《靖節先生集》(台北:華正,1987年8月),卷五。

〔註44〕見《戎庵詩存》次二,頁54。次四,頁166。
〔註45〕見《戎庵詩存》次二,頁44。
〔註46〕見李商隱撰,劉學鍇、余恕誠集解:《李商隱詩歌集解》,頁1400～1401。

全昇華成一片，在蒼生的苦痛中見個人的漂泊，個人的漂泊又融入蒼生的苦痛，情意眞實、深刻而崇高。

詩言情志，既是如此心念生民，必然不會偶一提及，而會在詩中屢屢呈現，如〈碧山〉云：「碧山留月待南眞，良夜淸無一點塵。何事不來消此劫，念蒼生有未眠人。」〈山中作〉云：「吾癡不盡東山意，猶爲蒼生一黯然。」〈無題〉云：「十年長住那伽定，半爲蒼生半爲君。」〈壬寅七夕歐珀颱風過境〉云：「迢遞佳期已不情，風波昨夜更相驚。無人補得人天恨，勞爾鍼樓乞太平。」〈落花詞〉云：「寧甘墮地竟無聲，多少人天未了情。想到書空皆怪事，爲霖誰更爲蒼生。」〈再至花蓮王母廟〉云：「仙家日月無拘檢，只有人間苦去留。」「妙相莊嚴稽首拜，請分靈藥與蒼生。」〈感興〉云：「晴雨任自然，甘澍難步禱。但爲蒼生故，虔誠見惠保。」〈午枕〉云：「齋供已上諸神格，禍福仍歸百姓當。默祝蒼天惜民命，風平海靜壽而康。」〈久雨夜半聞雷〉云：「料定天堂方擾攘，敢求人世有溫馨。……溪漲浮床如可免，夢中勤誦度人經。」〈嶺雅遺音中讀頌橘盧荅漁叔七律因感四十年前酬唱舊事作詩作詩寄夢機〉云：「甫白精魂招不起，桓靈季世付同淪。空餘龍象還多病，苦爲蒼生問鬼神。」〔註47〕不論是撫時感事、遊賞感興，還是酬答之作，都直接呈現了關懷蒼生的精神，以及個人情性，無一絲造作虛假，無一句泛泛空言，關懷深廣，情意誠摯，故高於諸多當世之作。

羅尙不僅直言呈露關懷，也在用典中隱隱表示，如〈寫竹〉云：

化龍去後陂猶在，鳴鳳來時地更長。

重爲麻姑到東海，勸栽竹子莫栽桑。〔註48〕

此詩雖脫胎自李商隱〈華山題王母祠〉：「蓮華峰下鎖雕梁，此去瑤池地共長。好爲麻姑到東海，勸栽黃竹莫栽桑。」〔註49〕但從個人亂離、家國敗亡的遭際來寫，意味卻更深長。首句指竹杖已化龍飛去，再也不能乘龍回家，只空餘土陂，而今寫竹，正期待修竹能再次化爲飛龍，載人歸家，有羈旅鄉愁的意味，典故出自《後漢書》，仙人壺公給予費長房竹杖，讓他騎回家，他

〔註47〕見《戎庵詩存》次二，〈碧山〉，頁49。次三，〈山中作〉，頁74。次三，〈無題〉，頁81。次三，〈壬寅七夕歐珀颱風過境〉，頁100。次五，〈落花詞〉，頁222。次八，〈再至花蓮王母廟〉，頁374～375。次二，〈感興〉，頁21。次三，〈午枕〉，頁82。次九，〈久雨夜半聞雷〉，頁396。次廿四，〈嶺雅遺音中讀頌橘盧荅漁叔七律因感四十年前酬唱舊事作詩作詩寄夢機〉，頁718。
〔註48〕見《戎庵詩存》次三，頁124。
〔註49〕見李商隱撰，劉學鍇、余恕誠集解：《李商隱詩歌集解》，頁562～564。

到家後將竹杖投於葛陂中，竹杖化龍而去。〔註50〕三、四句則稱自己如今真已飄零到東海，更是再次勸請麻姑要栽黃竹，切莫栽桑，〔註51〕因為曾經親訪西王母的周穆王，哀念生民凍寒而作〈黃竹歌〉，故若栽黃竹，將可動哀民之念，〔註52〕進而善保生民，不使桑田滄海，變換無窮；若是栽桑，則無悲憫生民之意，將任隨東海之地，既為桑田，又復變為滄海，使家國民命不保。前有西王母來勸請麻姑切勿栽桑，現今自己又至，故曰「重」。〈海上雜詩兼酬藥樓教授〉亦用此典故云：「清淺蓬萊第四回，難收左股恨無才。曾經苦勸栽黃竹，執意栽桑大可哀。」〔註53〕對家國蒼生頗感哀憐。

又如〈病中〉云：

藥盞茶鐺玉局詩，海山秋晚問歸期。

牀前牛蟻仍雷動，正是維摩語默時。〔註54〕

玉局，即是蘇東坡。東坡性情豁達，以東坡詩養病，自是良方，但羅尚與他同是蜀人，越讀就越觸動鄉心。然而人間仍爭鬥不休，自己不能回鄉，只能學維摩詰默然無言，期待眾生自悟，脫離苦海。牛蟻雷動的典故出自《世說新語》、東坡詩，《世說新語·紕漏》載：「殷仲堪父病虛悸，聞床下蟻動，謂是牛鬥。」〔註55〕後遂以牛蟻指世間無謂的爭鬥得失，羅尚又反用東坡〈次韻王定國得潁倅二首（其二）〉：「要識老僧無盡處，牀頭牛蟻不曾聞。」〔註56〕以聯繫維摩詰為眾生而病的事。《維摩詰經·文殊師利問疾品》載維摩詰示疾，諸菩薩、天人前往問疾，維摩詰言：「以一切眾生病，是故我病。」

〔註50〕 見《後漢書·費長房傳》，汝南費長房從仙人壺公入深山學道，後「長房辭歸，翁與一竹杖，曰：『騎此任所之，則自至矣。既至，可以杖投葛陂中也。』又為作一符，曰：『以此主地上鬼神。』長房乘杖，須臾來歸，自謂去家適經旬日，而已十餘年矣。即以杖投陂，顧視則龍也。」見范曄撰，楊家駱主編：《新校本後漢書》（台北：鼎文，1994年3月），頁2744。

〔註51〕 《神仙傳》卷三〈王遠〉載麻姑見王遠，云：「接待以來，已見東海三為桑田。向到蓬萊，水又淺于往者會時略半也。豈將復還為陵陸乎？」方平（王遠字）笑曰：「聖人皆言，海中復揚塵也。」見葛洪撰：《神仙傳》，收入於《景印文淵閣四庫全書》第1059冊，頁270。

〔註52〕 《穆天子傳》卷五載周穆王在到黃竹的路上，「遇北風雨雪，有凍人」，遂作〈黃竹〉三章以哀其民。收入於《景印文淵閣四庫全書》第1042冊，頁260。

〔註53〕 見《戎庵詩存》次廿五，頁726。

〔註54〕 見《戎庵詩存》次六，頁276。

〔註55〕 見余嘉錫：《世說新語箋疏》，頁914。

〔註56〕 見蘇軾著，王文誥輯註：《蘇軾詩集》（台北：莊嚴，1990年10月），頁1394～1395。

「眾生病，則菩薩病；眾生病愈，菩薩亦愈。」「菩薩疾者，以大悲起。」「眾
生病，從四大起；以其有病，是故我病。」〈入不二法門品〉載諸菩薩問疾，
宣說「入不二法門」妙義後，維摩詰默然無言，以示真入不二法門，〔註57〕
教導諸菩薩、人天大眾。

又如〈逭暑〉云：「海內萬家思扇暍，蘭臺休為大王雄。」〔註58〕扇暍
的典故出自《淮南子》，相傳周武王曾為中暑的人搧風取涼。〔註59〕可見此
詩語意雙關，一面期望免除酷暑，使人間清涼，一面則希望政府多為民眾福
祉著想。大王雄風的典故出自宋玉〈風賦〉，當楚襄王在蘭臺享受涼風時，
宋玉說：「此獨大王之風耳，庶人安得而共之？……其風中人狀，直憯悽惏
慄，清涼增欷，清清泠泠，愈病析酲，發明耳目，寧體便人，此所謂大王之
雄風也。」〔註60〕宋玉強調此風獨是大王的雄風，正是要引導楚襄王設身處
地，注意到百姓的哀苦，不要想當然爾，只以自己的感受評斷一切。羅尚用
此典故，正是期望上位者能瞭解民生疾苦，推己及人，切勿與民眾生活脫節。
此二句以周武王的仁愛百姓，對照楚襄王的不知民間疾苦，突顯出望治的急
切，用典極為精切。

羅尚也以同樣的標準看待官吏，〈天意〉云：

> 人謂天失序，天意憫農時。亭午苦鬱蒸，黃昏雨漲池。
>
> 老農走相告，稻花纍纍滋。獨有乘車者，積潦妨驅馳。
>
> 此輩不耕織，衣食誰所遺。有相鑄黃金，不買生民悲。〔註61〕

官員不恤民生，與百姓生活脫節，由此見微知著。天意猶憐憫農民的生活艱
苦，以大雨助農時，而官員不但平時沒有建構良好的水利措施、排水系統，
大雨後還不知欣喜、感謝，仍以個人便利為優先考量，埋怨積水妨礙驅馳。
楚襄王處於宮室中，不知民間疾苦，但還聽懂了宋玉的隱諷，問了「庶人之
風」，而這些人貼近民間，親眼目睹，卻猶無視，既不解民情，又不問民情，
真連楚襄王都不如了。「有相鑄黃金，不買生民悲」，下語沈痛，也痛斥了官

〔註57〕見陳慧劍譯註：《維摩詰經今譯》（台北：東大，1990 年 12 月），頁 194～200，
　　　　頁 307～328。

〔註58〕見《戎庵詩存》次七，頁 331。

〔註59〕《淮南子‧人間訓》載：「（周）武王蔭暍人於樾下，左擁而右扇之，而天下
　　　　懷其德。」見漢‧劉安撰，高誘注：《淮南鴻烈解》（台北：鼎文，1979 年 12
　　　　月），頁 844。

〔註60〕見蕭統編，李善注，《文選》，頁 319～321。

〔註61〕見《戎庵詩存》次二，頁 36。

員的傲慢、視人民如無物，並隱約諷刺了領導者無識人之明，甚至不以化除生民的悲苦爲要務，這樣的人又豈知要以國事爲重？難怪羅尚要積極的「請爲蒼生更苦吟」，在如此情況下，只能消極的寄望後世賢豪一旦讀此，有所感觸，能知所惕勵，爲民眾福祉盡力。

〈春雨詞寄文擢〉更強調了它的消極意義：

> 諍言如見退之情，春鳥秋蟲擇善鳴。倘使文章驚海內，不將功業苦
> 蒼生。自注：文擢近在香港明報發表對時局談話，撫世悲天。〔註62〕

首二句引韓愈〈送孟東野序〉：「大凡物不得其平則鳴。……維天之於時也亦然，擇其善鳴者而假之鳴，是故以鳥鳴春，以雷鳴夏，以蟲鳴秋，以風鳴冬，四時之相推敲，其必有不得其平者乎！」〔註63〕稱譽蘇文擢對時局、蒼生的悲憫有如韓愈，他的諍言，抒發了天心的仁愛、憂患。三、四句話鋒一轉，強調文章驚世，雖是個人成就，但不會出現「一將功成萬骨枯」的慘狀，若能浚導人情，補察時政，傳達人間疾苦，有助於世道人心，將更符合「經國之大業，不朽之盛事」的壯心、作用。隱含對那些犧牲他人來成就個人功業者的怨怒，也對無休止的戰伐深感悲哀。

「不將功業苦蒼生」，雖然是詩歌成就的消極面，但也可以是人間千秋評價的標準，可以評價建立俗世功業的人，〈漫興〉云：

> 不將百姓爲芻狗，才覺中山是聖人。〔註64〕

在民智未開，人民根本不知民主爲何物時，孫中山先生創建了中華民國，本可以採行專制政體，將百姓視爲輕賤的芻狗，〔註65〕將國家視爲己物，但他不這麼做，反倒推行民主，平等對待百姓，視自己爲公僕，羅尚認爲這正是他偉大之處。相較於同時代或隨後的領導者，都無一人有此見解、胸懷，甚至誤盡蒼生，更可見中山先生人格的崇高，也藉此諷刺了當時的領導者。

同樣的，羅尚願爲蒼生的幸福而征戰，但厭惡爲一人的爭霸而征戰，如〈夜吟〉云：

〔註62〕見《戎庵詩存》次十一，頁442。

〔註63〕見韓愈撰，馬其昶校注，《韓昌黎文集校注》，頁136。

〔註64〕見《戎庵詩存》次七，頁345。

〔註65〕老子云：「天地不仁，以萬物爲芻狗；聖人不仁，以萬物爲芻狗。」本指天地無爲、聖人無私愛，聽任萬物、人民自然發展。但後人習慣從儒家觀點，將芻狗解釋爲輕賤之物。參見陳鼓應註釋：《老子今註今譯（三次修訂本）》（台北：臺灣商務，2002年10月），頁66～71。

　　　微雲捲盡碧天低，誰布星辰作劫棋。

　　　出手爲渠爭勝著，不如烹茗自吟詩。〔註66〕

藉星辰喻爭奪霸業者，以及附和、欲求鴻圖的人。星辰升沈，人間歷劫，但若非眾人的助虐，一同爭勝，則數人之間的爭鬥，也不會使人間飽遭劫難，況且自己出生入死爭勝的成果最後都由他人坐享宰制，到底意義何在？故羅尚慨嘆，與其助虐、爲他人作嫁，還不如烹茗吟詩，雖不能爲萬世開太平，猶可獨立於天地之間，悠遊自在，聊得此生。

　　作爲詩人，羅尚的心願不僅是將民生疾苦傳諸後世，期待政治人物不視百姓爲芻狗，更希望眞正消除民瘼，使百姓寬息，〈九州行〉云：

　　　我生承平亦喪亂，桑麻五畝勤穯鋤。忽焉烽燧起遼薊，從戎結髮征東胡。南荒萬里奮鋒鏑，終奉神器還故都。天地不仁抑何説，要以萬物爲生芻。永訣親友復去國，一帆托命炎海隅。……家室聚盜逐不得，樂爲大户防穿窬。更揭政議逞私欲，鬩牆外侮茲堪虞。諸公車服厭粱肉，庸知海內望昭蘇。感慨作詩寄遐邇，微波爲我通靈巫。塵塵浩劫若可救，百身願贖斯民瘼。詩成碧落明月缺，悠悠蒼天吾道孤。〔註67〕

他結髮從戎，希冀靖難，但對日抗戰勝利後，內戰又起，終隨政府託命臺灣，遠去鄉國，流離辛苦；來臺後又見當局、官員無恢復之志，不僅飽足粱肉，築高牆防盜賊，還藉政議逞個人私慾，全然無視於民瘼、外侮。雖然積憤在胸，感慨萬千，但羅尚卻將個人的亂離、哀苦、沈痛，昇華爲對家國蒼生的關懷，發出「塵塵浩劫若可救，百身願贖斯民瘼」的宏願，宛如杜甫〈茅屋爲秋風所破歌〉所云：「安得廣廈千萬間，大庇天下寒士俱歡顏，風雨不動安如山。嗚呼！何時眼前突兀見此屋，吾廬獨破受凍死亦足。」〔註68〕大有民胞物與的胸懷。

　　詩末二語轉爲沈痛，本欲將心託明月，奈何詩成而明月缺，彷彿天地不許，注定了宏願必定成空，只能空嘆吾道孤寂。

　　羅尚又以水火同源爲例，訴說蒼生如同兄弟，應當去除障隔，各盡才能又彼此顯揚，〈水火洞〉云：

〔註66〕見《戎庵詩存》次四，頁156。

〔註67〕見《戎庵詩存》次二，頁33～34。

〔註68〕見仇兆鰲：《杜詩詳注》，頁831～833。

泉自火內出，火從泉中生。瓶鉢老比丘，悟此不相爭。我來舀水一
濯足，俱領祝融馮夷情。世間所憾有鼎鑊，橫加一障成不平。火煎
水騰沸，水澆火滅明。如何去隔障，視此水火同穴猶弟兄。〔註69〕

水火洞奇景在台南關子嶺，相傳是康熙四十（1701）年福建僧人參徹雲遊至
此發現，平常所見都是水火不容，但此地崖壁有天然氣冒出，又有源泉滾滾，
於是形成水中有火，火中有水的「水火同源」特殊景觀。羅尚慨嘆天地靈氣
著實仁德，以水火同源喻示了世間萬事萬物本不相爭，只要天下萬物不斷失
源頭、自能各得其所，亨通暢達，即使勢如水火，都可同源而各自顯達其理，
即使火神、水神，都可親如兄弟。只是人心惟危，人事詭異，喜歡橫加障隔
而生不平，形成煮豆燃萁、兄弟相殘的可悲事件，引人哀憐。〔註70〕故結語
苦求去除障隔之法，以使蒼生如同兄弟相親相愛，頗見仁人胸懷。

　　羅尚七十餘歲時更以歐盟為喻，期望臺灣與大陸能和平共榮，使人民免
除戰爭的威脅，真正安居溫飽，〈倫敦滑鐵盧火車站乘歐洲之星快速火車穿越
英倫海峽海底隧道至比京布魯賽爾〉中云：

事在人為人勝天，果然感覺地球小。三國往來如比鄰，通工易事足
溫飽。蠻觸相持到幾時，為此采風入詩草。君不見歐洲共同體，百
國仁親以為寶。大願荊凡能共榮，白頭詞客焚香禱。〔註71〕

二次大戰後，西歐各國和平相處，施行經濟統合，1957 年 3 月，法國、西
德、義大利、荷蘭、比利時、盧森堡六國簽署歐洲共同市場條約，次年開始
運作，並逐漸擴張，進行歐洲統合。1993 年 1 月，歐洲共同市場（亦稱歐
洲共同體）正式實施單一市場，11 月，歐洲共同市場改為歐洲聯盟，簡稱
歐盟。現已有 28 個會員國，幾乎含括所有的歐洲國家。

　　歐洲各國以協調統合代替對抗，免除了連年征戰、劍拔弩張的緊張局
面，甚至連世仇的德、法兩國也可以化干戈為玉帛，進而促使科技進步，交
通便利，謀求多數人民的福祉，共創繁榮前景，突顯出仁親為寶，蠻觸相爭
既無休無止又無意義。羅尚由此念及臺灣與中國大陸的關係，若兩岸和平共
處，免除干戈，人民必能獲致最大幸福。蠻觸相爭、荊凡的典故都出自《莊
子》，〈則陽〉以寓言說：「有國於蝸之左角者曰觸氏，有國於蝸之右角者曰

〔註69〕見《戎庵詩存》次六，頁 253。
〔註70〕韓愈〈石鼎聯句〉載道士軒轅彌明有「謬當鼎鑊間，妄使水火爭」之句。見
　　　　韓愈著，錢仲聯集釋：《韓昌黎詩繫年集釋》，頁 851。
〔註71〕見《戎庵詩存》次廿三，頁 716。

蠻氏，時相與爭地而戰，伏尸數萬，逐北旬有五日而後反。」自至道宇宙觀之，國與國間的爭執猶如蠻觸相爭，過於微小，沒有任何意義，只有人民的福祉安樂才重要，這是羅尙屢屢強調的。〈田子方〉云：「楚王與凡君坐，少焉，楚王左右曰凡亡者三。凡君曰：『凡之亡也，不足以喪吾存。夫凡之亡不足以喪吾存，則楚之存不足以存存。由是觀之，則凡未始亡而楚未始存也。』」〔註72〕凡是楚旁邊的小國，荊凡共榮，喻兩岸不須以存亡相對抗，應當以人民福祉爲重，尋求共榮。

　　時時以蒼生百姓的安樂爲念，希求人與人之間、國與國之間共榮共盛，這樣的精神也擴展到萬物上，呈現極強烈的人道精神，如〈拾落花〉，透露了崇高的宗教情操，如大海無盡的慈悲：

　　　　一聲鷓鴣落花時，收拾殘香入小詩。

　　　　爲汝安神文字海，遙天風雨欲何之。〔註73〕

眾人好賞眾芳盛放，春滿華枝的美好綺麗，卻少有人關心零落，刻意安排落花，即如黛玉葬花，雖有奇特的想像，但終究是自悼自憐，充滿濃烈而無可奈何的傷感、哀怨罷了。

　　此詩雖不無自傷意味，但卻以更浩瀚的胸襟、更強健穩定的力量，創造了一個廣闊寧靜的文字海，安定了顛沛飄淪的落花神靈。彷彿重重悲苦都已浴盡，藉著羅尙的度拔，在莊嚴平和的喜樂世界重生。而外頭的風狂雨驟、動盪混亂的世界、莫名的侵凌，都失去了力道，不論再如何的張牙舞爪、淒涼蕭條，都完完全全不能動搖心神，只以寧定祥和悲憫人世。

　　這樣的情懷與禪宗達摩祖師爲二祖慧可安心有幾許相似，相傳慧可未悟前，曾問祖師曰：「我心未寧，乞師與安。」師曰：「將心來，與汝安。」曰：「覓心了不可得。」師曰：「我與汝安心竟。」〔註74〕達摩以寧定、慈悲爲慧可安心，而羅尙既爲落花安神，也再次爲自己安心，堅定不渝。

　　又如〈九日〉云：「九日應使人當災，不忍禍延雞犬輩。」〔註75〕對「重九登高，禍延雞犬」，頗不以爲然。南朝梁・吳均：《續齊諧記》載：「汝南桓景隨費長房遊學累年。長房謂之曰：『九月九日汝家有災，宜急去，令家人各作絳囊，盛茱萸以繫臂，登高飲菊花酒，此禍可除。』景如言，舉家登

───────────

〔註72〕見郭慶藩編，王孝魚整理：《莊子集釋》，頁891～892，頁728。
〔註73〕見《戎庵詩存》次六，頁301。
〔註74〕見宋・釋道原編著：《景德傳燈錄》，頁47。
〔註75〕見《戎庵詩存》次四，頁194。

山，夕還，見雞犬牛羊一時暴死。長房聞之，曰：『此可代也。』」〔註76〕羅尚將人道精神推展至含生之倫，認為人自己造的孽、或自己當受的災難，就當自己承受，不該推託而由雞犬承擔，若由雞犬承擔，既不道德，也無公理正義可言。況且雞犬無辜而受罪，又何其忍心？就如同政治人物的鬥爭紛亂，卻要由無辜百姓受罪一樣，而人民自陷其中，又何其不智？

又如〈秋夜花嶼讀書堂茗話歸寓有作呈孟希先生〉云：「羅含作吏為詞客，賸把牙籤拂蠹魚。」〔註77〕羅含是東晉人，有文采，與謝尚為方外之好，桓溫雅重其才，《晉書‧文苑傳》載：「初，（羅）含在官舍，有一白雀樓集堂宇，及致仕還家，階庭忽蘭菊叢生，以為德行之感焉。」〔註78〕可見德行出眾。羅尚雖因姓氏自喻為羅含，但也有重視德行的意思，而對蠹魚拂而不殺，正是洋溢著仁者的襟懷，頗如張祜〈贈內人〉：「斜拔玉釵燈影畔，剔開紅焰救飛蛾。」〔註79〕雖然自傷身世，但慧心仁術，若無熨貼細膩的心，就絕對做不到。

羅尚年少以志節惕勵，老而彌堅，有如松筠，時時以蒼生悲歡、家國興衰為念，不屑逢迎干求；關心道義，慷慨感激，肝膽照人，欲盡一己之力成就所能成就的事。對天地萬物同含仁德慈悲，民胞物與，展現了人道精神，與崇高的仁者襟懷。

第二節　此生長抱蘭成愁

羅尚自少年離家從戎，轉戰各地，不曾回鄉，己丑（1949）年大陸鼎革之際，隨軍來臺，此後兩岸對峙，更無還鄉之日，雖然臺灣自七十六（1987）年十一月開放大陸探親，但當時任職總統府參議，規定不能前往探親，退休後又罹病修養，行動不便，念及回鄉只會煩擾家人，加上家書捎來父母早已病歿的消息，於是打消念頭，一生抱恨，故詩中屢屢悲詠鄉關故國，不能自已。

〔註76〕見《筆記小說大觀三編》：（台北：新興，1983年2月），頁985。
〔註77〕見《戎庵詩存》次四，頁199。
〔註78〕見房玄齡等撰，楊家駱主編：《新校本晉書》（台北：鼎文，1995年6月），頁2403～2404。
〔註79〕見張祜撰，嚴壽澂校編：《張祜詩集》（南昌：江西人民出版社，1978年7月），頁75。陸游〈雨後極涼料簡篋中舊書有感〉：「蘭臺漆書非己責，且為籤縢除蠹魚。」見陸游：《陸放翁全集》，〈劍南詩稿〉卷十二，頁209。羅尚雖化用陸游詩句，但情意轉生仁慈，頗能點鐵成金。

本節將著重說明羅尙對鄉關故國的思念愁懷，至於對家國時勢的關注，將列於第五章討論，以免複沓。

一、羈旅鄉愁

人一旦離鄉去國，羈旅鄉愁與故國情懷也就伴隨而來，兩種情意雖不全然相同，但往往在起心動念間聯袂而來，寫入詩歌，難以分別討論。此處僅勉強先就羅尙羈旅鄉愁的感受討論。

羅尙萬里戎機，隻身來臺，不能歸家，故對「歸」字特別敏感，尤其是來臺的前幾年，即使尋常食物都會撩動鄉愁，如〈食當歸鴨〉云：

> 美人贈別采將離，春暖花開動遠思。
>
> 多謝海邦調味手，征人心事獨深知。〔註80〕

由「當歸」引動離思，由離思而欲歸鄉，尤其是春暖花開時節，鄉思更甚。然而歸鄉既屬不可能，遂轉而感謝海邦調味手的相知，逗露出一番浩蕩的羈旅悲傷，正沈抑在心中，直如故鄉煙雲無限，在胸中時而翻湧，時而凝結。

即使歡迎朋友歸來，歡樂氣息仍不敵鄉愁，如〈道瞻歸國〉云：

> 深秋去國早秋還，駒隙年光八載間。
>
> 只是歸來仍作客，故鄉隔水隔雲山。〔註81〕

范道瞻是外交官，此次回臺，離奉派駐外使館的時日已經八年。首二句先交代范氏的去回時節，並起烘托作用，後二句才點出眞意。駐外八年，時間不可謂不久，此番回臺，必定歡欣雀躍，但第三句語意一轉，說歸來仍是作客，故鄉仍在萬里雲山之外，「歸來」、「作客」間，有無盡情意激盪，自是藉他人酒杯澆個人胸中塊壘，悽愴悲涼，無限哀楚。

如此浩蕩沈刻的鄉愁，也在觀賞風物、作詩時屢屢引動，如〈細雨〉：「一聲鄰舍笛，萬里故鄉愁。」〔註82〕鄉心愁緒隨鄰舍笛聲激越，遼遠宏闊，鋪地漫天。即使立足淡水觀音山頂，風景如畫，令人情意飛騰有如凌雲登仙，也不能免去羈旅鄉情，而云：「我今立足蓬萊頂，非虛非妄眞仙境。仙家情重苦思鄉，西望峨岷淚垂縆。」〔註83〕仙鄉終究不如故鄉，還生寂寞。又如

〔註80〕見《戎庵詩存》次二，頁39。

〔註81〕見《戎庵詩存》次三，頁114。

〔註82〕見《戎庵詩存》次二，頁29。

〔註83〕見《戎庵詩存》次四，〈淡水觀音山凌雲寺粥會寺董事長楊森作東得東須去簽到〉，頁200。

〈夜起〉：「朔氣微微到海陬，星芒垂地不曾收。寒宵百萬還鄉夢，都上西行明月舟。」〈山行〉：「淡江縱有龍蟠意，老至終思一舸歸。」〔註84〕明知兩岸對峙，不可能回鄉，但遊子他鄉之感，人之常情，終究無法斷絕，只能時時想望。又如〈聞蟬停雲社課〉：「數聲高唱夕陽天，節過清和便有蟬。只是不堪羈客聽，柳花飛落酒尊前。」〔註85〕前人春天送別，有折柳之習，現在清明剛過，蟬聲已高唱入雲，伴隨夕陽滿天，還唱得柳花飄落，落向酒樽前，令羈客憶起當年長征別離之時，倍覺惆悵。再如七十餘歲所作的〈慢與〉亦云：「商聲日暮起文山，出岫孤雲尚未還。」〔註86〕雖然羅尚自云老來頗受佛學影響，鄉思轉淡，也以臺灣為故鄉，但一提起戎州山水，仍舊滿紙商聲，一片孤雲出岫未還的遺憾，畢竟父母之邦，幼年成長之地，對鍾情的人來說，自有無盡孺慕之思。

　　日有所思，夜有所夢，於是家山常來入夢，〈芒花詞〉云：

> 新店溪中小碧潭，芒花照水影毿毿。
>
> 故園秋景原如此，歸夢今宵到劍南。〔註87〕

雖是不同時地，但只要情景稍一相似，就會讓人聯想起最思慕之地。水邊芒花毿毿照影而來，渾如故園秋景，直覺得碧潭就是劍南，置身此情此景，想今宵必定夢回劍南，有種淡淡的喜悅、期待、鄉愁交雜的感觸。又如〈念家山〉云：

> 梁山門戶對青山，禾黍飄香畎畝間。
>
> 夢裡歸家真得意，黃雞濁酒共開顏。
>
> 丹山碧水岷江上，對岸清油埧子中。
>
> 祖業不知歸某某，春天十里菜花風。〔註88〕

這是排遣鄉愁之作。第一首寫夢中歸家的得意，身在夢中，自然不知是夢，故栩栩適志，充滿喜悅。羅尚是農家子弟，所以記憶中盡是故鄉最美好的風光，禾黍成熟，在畎畝間飄香，黃雞濁酒，與親舊共開顏，十足是鄉間秋穫、農家歡樂的氣息。詩中雖未明白寫出家人，但黃雞濁酒，加上「共」字，就透露了家人歡迎的殷勤熱烈。惟「得意」、「開顏」之語過於露骨。

〔註84〕見《戎庵詩存》次六，頁 249。

〔註85〕見《戎庵詩存》次七，頁 329。

〔註86〕見《戎庵詩存》次廿三，頁 711。

〔註87〕見《戎庵詩存》次十八，頁 580～581。

〔註88〕見《戎庵詩存》次十九，頁 604。

　　第二首抒發故園今昔之感，前二句仍是憶念中的情景，羅尙故家正對岷江，江上有一山崖，丹霞色，雖寸草不生，但山水相映，景色極美，故屢屢稱頌，如〈秋懷〉云：「樊道岷江勝，丹山碧水奇。」〈故鄉宜賓市政協詩書畫社詩詞組寄贈樊道吟詩輯奉答一篇〉云：「斜陽百丈牽江色，家在丹山碧水間。」〔註89〕丹山碧水，在斜陽迤邐時，彷彿山光、水光都在江面騰躍，自是風光佳勝。清油，指清油壩，是當地名，山環水抱，堤塘映帶。後二句興起感慨，祖業於今不知如何，春天飄送的十里茱花風是否依舊？還是只能在回憶中舒服的品味？自有無限迷惘。

　　夢見家山，多是喜悅，但醒後又常引動更強烈的愁緒，難以排遣，〈偶成〉云：

　　　　叩角能歌念已灰，掃愁端要掌中杯。

　　　　翻空麥浪千層翠，昨夜家山入夢來。〔註90〕

此詩用倒敘法，詩意、詩味皆集中在後二句。一開始先寫眼下舉酒消愁，慷慨悲歌，然後語意一轉，突寫景象，麥浪千層，引得人思緒正要隨之遨遊時，語調突然沈抑下來，點出愁緒的由來，原來麥浪千層，翠色翻空，是家鄉的景致，景致昨夜入夢而來。寥寥數筆，即瀰漫著惘惘鄉思。

　　夢回家鄉是苦，不夢亦是苦，〈微雨五疊天韻〉中說這種情懷是：「小庭微雨杏花天，夢不還鄉四十年。……冥冥氛祲罿塵上，浩浩離愁苦茗邊。」〔註91〕烏雲連天，猶如不祥的氛祲籠罩人間，舉目四望，兵氣纏連，遂使親人分隔，鄉愁浩蕩，甘茗入口皆苦。〈海濱對月〉亦云：「北望難爲水，東來未得仙。沈機增馬齒，歸計卜驢年。」〔註92〕東來仙島未能成仙，北望家鄉，大海又冥闊，難爲水塘，遂羈留不返，只徒增歲數。歸計卜驢年，偏偏驢又不在十二生肖中，自是無歸家之日，徒使鄉心如波上月，搖蕩不止，永難成圓。於是國破家亡，意氣蕭森，一囊詩文，只能高詠「樊道家山來入夢，如蕉覆鹿不堪尋」。〔註93〕如蕉覆鹿的典故出自《列子・周穆王》，曰：「鄭人有薪於野者，遇駭鹿，御而擊之，斃之。恐人見之也，遽而藏諸隍中，覆之以蕉，不勝其喜。俄而遺其所藏之處，遂以爲夢焉。」〔註94〕眞卻似假，假

〔註89〕見《戎庵詩存》次八，頁383。次廿二，頁699。

〔註90〕見《戎庵詩存》次六，頁246。

〔註91〕見《戎庵詩存》次七，頁321。

〔註92〕見《戎庵詩存》次十三，頁480。

〔註93〕見《戎庵詩存》次七，〈落花詞〉，頁342。

〔註94〕見蕭登福：《列子古注今譯》（台北：文津，1990年3月），頁294。

卻是眞，眞假雜陳，難以估量。正如家山曾是如此眞實，如今卻不堪尋求，只能入於夢幻之間，這樣的家山到底是眞是假，令人迷惘。

對故鄉的眷戀，最核心的情感應是對親人的憶念，尤其是對父母的思慕。一提起至親，情意就更走向沈刻樸實，任何華麗新奇的詩句都施展不開，〈慈母橋下揀奇石〉云：

> 一拳慈母溪中石，萬里孤兒海外心。
>
> 只有春暉無計報，一生垂淚孟郊吟。〔註95〕

首二句對仗，並相映襯，明指遊子萬里心，又暗暗點出慈母的牽掛。橋名慈母，就已令人心傷，溪石飄淪，如同遊子流落他鄉，不知要累父母多少掛心？春暉無盡，本非寸草所能報答，更何況羅尚年少從戎，一生未還，不能奉養於萬一！只能空吟孟郊的〈遊子吟〉，暗自淚垂，自是無限傷心。〈母親節〉亦云：「海水慈恩孰淺深，炎方時作孟郊吟。百年世事千回變，寸草春暉萬古心。」〔註96〕海水縱深，一與慈恩相比，直如淺灘；世俗動盪，縱如風雷迅疾千變，寸草春暉仍長在心中。

臺灣開放民眾赴大陸探親後，羅尚也與家人取得聯繫，得知父母都已仙逝，再不能隨侍在側，更是自責，〈蠻觸篇〉云：「愚忠蹈海從龍去，午夢探親化鶴歸。父母墳前橫涕淚，弟兄堂上對歔欷。」〔註97〕責備自己愚忠，在國共內鬥，國民黨失敗時，竟隨蔣介石蹈海來臺，對父母不能冬溫夏清，曉夕承奉，只能空在夢中化鶴回來探親，連父母仙逝都無緣親見最後一面。說到傷心處，更對諸弟哀陳：「死有餘辜兄自判，愧爲人子愧爲人。」〔註98〕百善孝爲先，既無一點孝養，又如何爲人，可見他自責萬分。羅尚思念父母的詩，雖無奇僻之思，亦無值得傳訟之句，但總是情溢於詞。

對故鄉家園的眷戀，除了以樸實平淺的詩句傳達外，羅尚也藉著對比的方式呈現，較具有藝術性，如〈七夕〉云：

> 罷織相望長短歎，微雲清漏五銖寒。
>
> 銀河未抵鯤溟闊，寄語星娥要自寬。〔註99〕

表面撫慰織女，而實寫個人鄉愁。前二句描寫織女的孤寂、思念，以微雲、

〔註95〕見《戎庵詩存》次八，頁372。
〔註96〕見《戎庵詩存》次十六，頁508。
〔註97〕見《戎庵詩存》次十七，頁525。
〔註98〕見《戎庵詩存》次十九，〈念家山〉，頁604。
〔註99〕見《戎庵詩存》次四，頁137。

清漏表現情景的淒清。五銖，指五銖衣，仙家上清的衣服。〔註100〕一水橫隔，罷織相望，單薄的五銖衣已禁不住夜半的清寒，彷彿清寒孤寂已到極深之處，無以復加。然而第三句語意一轉，以鯤溟臺海的深闊對比銀河的清淺，曉慰織女要寬心，在有意無意間，傳達出故鄉的遙遠，鄉心愁緒遠過於織女的孤寂思念。牛女的愛戀，是天上至情，萬古不渝，勝卻人間無數，但仍不及鄉愁的深廣，對比法自然是較直敘法含蓄蘊藉得多。再如另一首〈七夕〉云：

> 簾箔深垂鎖洞房，夢回銀漢月回廊。
>
> 長生殿上三生約，未抵縈紆蜀道長。〔註101〕

前一首都以水來作對比，只是一在天上，一在人間；這一首則跨越了不同類型，並用虛實對比，以「虛」的三生約，對比「實」的蜀道，突顯鄉愁。首二句一樣描景，洞房只以簾箔低垂為鎖，而不是冰冷的木門銅鎖來緊閉，已呈現飄逸朦朧、溫柔細緻的情調，夢回銀漢月回廊，更烘托夜深的浪漫情愛，彷彿銀河的無盡星辰、清和的明月都成了華美的布景，濃情蜜意無盡。然而這長生殿裡的三生誓約，這縷縷無絕的情意，終究比不上蜀道來得縈長，突顯出歸鄉路的迢遙，難有歸期，而鄉心自然是要比蜀道來得深長，無休無止了。而且，唐明皇與楊貴妃的愛情誓約，雖然傳頌至今，卻是「虛假」的，這「虛」的時間、情意，終究比不上「實」的鄉心、蜀道的深刻。

又如〈偶感〉，以神話、靈異、歷史典故，寫回鄉的難成：

> 采山填海思精衛，鞭石填橋憶始皇。
>
> 霸越不生端木賜，還鄉安得費長房。〔註102〕

首二句以神話、傳說寫渡海的期望與失望，精衛采西山石填海，但終究徒勞無功，大海依然遼闊；秦始皇造石橋，想渡海去看日出處，當時就有神人為他揮鞭驅趕石頭作橋，〔註103〕但始皇已不再來，鞭石填橋更不可能。顯然祈

〔註100〕唐‧鄭還谷：《博異記》載貞觀中，岑文本於山亭避暑，有叩門云：「上清童子元寶參。」衣淺青衣。文本問冠帔之異，曰：「僕外服圓而心方正，此是上清五銖衣。」又曰：「天衣六銖，尤細者五銖也。」見《文淵閣四庫全書》，第1042冊，頁591〜592。

〔註101〕見《戎庵詩存》次四，頁178。

〔註102〕見《戎庵詩存》次五，頁216。

〔註103〕《太平寰宇記》卷二十登州文登縣引《三齊略記》曰：「秦始皇作石橋，欲渡海觀日出處，有神人召石下，城陽一十山石遣東下，炭炭相隨如行狀，石去不駛，神人鞭之，皆見血。今驗召石山之邑，其下石色盡赤焉。」見樂史：《太

求於神話、傳說，終究不能如回鄉之願，於是第三句轉而在現實中追尋，但求於現實國度，既無人有子貢的辯才，以使國家稱霸，〔註104〕當然就更不可能有費長房的縮地仙術、龍杖，可以讓人在頃刻之間回到家鄉。〔註105〕所以回鄉自不可能，充滿失望迷惘，對政府用人、舉措，也不無憤慨。

回鄉不成，就更能體會〈杜鵑花〉的失意迷惘：

> 哀聲血色滿天涯，蜀帝冤魂化此花。
>
> 我是子民深下拜，三春鯤海憶三巴。〔註106〕

羅尚是蜀人，故藉由蜀地傳說寫下對故鄉的思念，此詩詩意並隱括了李白〈宣城見杜鵑花〉：「蜀國曾聞子規鳥，宣城還見杜鵑花。一叫一迴腸一斷，三春三月憶三巴。」〔註107〕且因「哀聲血色滿天涯」的烘托，更表現出一種哀情渾茫，惆悵惘惘的情緒。此詩雖題為杜鵑花，但首二句實際合寫了花、鳥。蜀地傳說望帝魂魄化為杜鵑鳥、杜鵑花，〔註108〕而人在天涯客地，聞見蜀中故物，杜鵑花紅如血，杜鵑鳥哀鳴「不如歸去」，不禁動了鄉心，彷彿人與花、鳥融而為一，鄉心瀰漫天涯，含蘊著渾茫哀豔的深情。

後二句亦稍采意於杜甫〈杜鵑〉：「我見常再拜，重是古帝魂。」〔註109〕不僅因在客地見故鄉古帝王之魂而哀，更因戰後餘生，零落他方而悲，突出

平寰宇記》（台北：文海，1980 年 5 月），頁 174。

〔註104〕 《史記・仲尼弟子列傳》載子貢曾出使越國，為越王句踐制訂稱霸的謀略，並巧用辯才，交通吳、晉，完成任務。見司馬遷著，楊家駱主編：《新校本史記三家注》，2198～2200。

〔註105〕 《神仙傳》卷五，〈壺公〉言：「費長房有神術，能縮地脈，千里存在，目前宛然，放之復舒如舊也。」見《文淵閣四庫全書》，第 1059 冊，頁 303。
　　《後漢書・費長房傳》載：汝南費長房從仙人壺公入深山學道，後「長房辭歸，翁與一竹杖，曰：『騎此任所之，則自至矣。既至，可以杖投葛陂中也。』又為作一符，曰：『以此主地上鬼神。』長房乘杖，須臾來歸，自謂去家適經旬日，而已十餘年矣。即以杖投陂，顧視則龍也。」見范曄撰，楊家駱主編：《新校本後漢書》（台北：鼎文，1994 年 3 月），頁 2744。

〔註106〕 見《戎庵詩存》次十三，頁 474。

〔註107〕 見李白著，瞿蛻園等校注：《李白集校注》（台北：里仁，1981 年 3 月），頁 1462。

〔註108〕 王孝廉在《花與花神》〈遠遊與望鄉──杜宇傳說及其他〉中指出：「另外流傳於蜀地的傳說是望帝是杜鵑王，三月間盛開的杜鵑花以及布穀鳥都是杜鵑王所變的，他死了以後仍然惦記著他的人民，所以每到清明、穀雨之季，不斷地提醒他的人民『布穀，布穀！』」見王孝廉：《花與花神》（台北：洪範，1986 年 11 月），頁 54。一般的說法是望帝化為杜鵑鳥，杜鵑鳥啼血化為杜鵑花。

〔註109〕 見仇兆鰲：《杜詩詳注》，頁 1249～1251。

了國亡子遺、流離他鄉的孤危悲苦，而又極凝練莊重。沒有哀嚎痛哭，只以靜肅的深深一拜，就烘托出無限的愁苦失意。

〈辛未仲春所得詩〉曾寫蘭花云：「重與目成無土恨，杜鵑聲裏憶三巴。」〔註110〕亦有此國亡流離的迷惘苦恨，可惜意味就稍弱了一些。而這種將鄉心故國並提的寫法，常見於羅尚詩中，如〈感興〉云：

> 平生愛明月，我本蜀山人。天風吹松濤，松濤浣冰輪。
>
> 結廬在松下，家與龍為鄰。躍馬入中原，志在靖煙塵。
>
> 煙塵亦未靖，望月徒傷神。〔註111〕

前六句述家鄉之景，以故鄉明月開篇，以松為骨，「天風吹松濤，松濤浣冰輪」，多少風華清靡，清涼舒爽，在松、月相映照下，呈現一片安寧祥和的樂土。松樹又稱蒼龍，羅尚家鄉多松，故稱結廬松下，與龍為鄰，宛如方外世界。「躍馬」二句，語調一轉，有烈士壯心，如同松質。躍馬中原，志在紓解國難，卻未能掃除煙塵，反而流落他鄉，他鄉見月，而國與家俱破，徒使鄉心如皓月高掛，自是黯然神傷。又如〈憶湘潭舊遊寄似白石詩社〉云：

> 雲湖七里最難忘，漣水汜汜湘水長。
>
> 曾照當年簫劍影，而今照海鬢生霜。〔註112〕

白石詩社是湘潭的詩社。湘潭地近羅尚故鄉宜賓，他又曾在湘潭受訓，故也將湘潭當作故鄉。首二句憶湘潭的景致，後二句由年輕吹簫擊劍的影像，對照而今的雪白霜鬢，頗有落寞情懷，狂俠怨抑的意味在顯與不顯間奔蕩。「照海」，也點出了家國喪亂，故而飄零滄海，落地生根。

國破家亡，華髮早生，只餘翰筆圖寫羈旅，追憶鄉關，〈息機〉云：

> 江漢東流百事非，英雄空唱大風歸。
>
> 早生華髮耽柔翰，誰執珇戈挽落暉。
>
> 松竹故山秋漠漠，魚龍滄海月依依。
>
> 飄零大樹蘭成賦，冷炙殘杯是息機。〔註113〕

前四句一氣流轉，慷慨蒼涼。首聯先點出國家的頹唐，頷聯辛酸蒼涼，有無可奈何的茫然，對仗警拔通暢，是流水對。「大風歌」是劉邦建立漢朝，剪除

〔註110〕見《戎庵詩存》次十八，頁564。
〔註111〕見《戎庵詩存》次六，頁270～271。
〔註112〕見《戎庵詩存》次十七，頁527。
〔註113〕見《戎庵詩存》次八，頁385。

各異姓諸侯王後回鄉所唱的歌，〔註114〕如今空唱，則表示風雲巨變，不僅不能回鄉，連國家也淪亡了，果眞是百事皆非，雖然仍有「老驥伏櫪，志在千里」的雄心壯志，但華髮早生，琱戈難執，不能再上陣殺敵，只能苦握翰筆，政府也已無可堪復興的規謀大計、力挽落暉的棟梁才士，豈不令人四顧茫然，辛酸鬱積？

　　頸聯承「歸」字而來，由寫國家頹敗的哀感轉而抒發對故鄉的苦思依戀，藉景抒懷，不言鄉思愁緒，而鄉思愁緒盡在其中。家山的松竹漠漠連天，在秋光映照下，更顯得曠遠，令人蕭爽，而今退居滄海，長夜漫漫，只能對月抒懷，相望相憐。「月依依」三字寫得極美極好，不僅寫出月光凌波微度的美景，也寫出了對故鄉的依依眷戀。末聯用典總結詩意，庾信〈哀江南賦〉說：「將軍一去，大樹飄零；壯士不還，寒風蕭瑟。」杜甫〈奉贈韋左丞丈二十二韻〉：「殘杯與冷炙，到處潛悲辛。」〔註115〕表示家國破碎，再無優秀的將軍、壯士可堪大用，今後只能窮居海島，再無緣一見松竹漠漠的家山。國家殘破如此，鄉思情重，所有活動都盡如殘杯冷炙，略無意味，潛藏無比的抑鬱、悲辛、無奈。與頷聯高執琱戈，力挽落暉的英特豪邁對比，末句有如一聲浩歎。

　　追憶鄉關，自與家國頹唐難分，同是甲戌年，更令人抱憾，〈凡章鄉詩老示甲戌迎春十律次韻奉和〉云：「昨夜更深聞杜宇，何時海淺見安期。無依繞樹南飛鵲，抱恨終身北定詩。」〔註116〕家國難歸，抱恨終身。安期生是仙人，曾干謁項羽，項羽不用他的謀略，遂隱居蓬萊，合則見人，不合則隱。〔註117〕何時可見安期生，自然是不得見了，不得見安期生，自然也不可得安邦定國的謀略。陸游名詩〈示兒〉云：「王師北定中原日，家祭無忘告乃翁。」哀痛顯然於今重見，羅尚也終身抱恨不見北定之日。

　　既然不見北定之日，父母又都已仙逝，自己又有病痛，須定期復檢，遂認爲回鄉也只是帶給家人麻煩，不須有此一行，並有意終身學庾信，長吟羈

〔註114〕　〈大風歌〉：「大風起兮雲飛揚，威加海內兮歸故鄉，安得猛士兮守四方！」
　　　　　壯闊雄偉，卻又蘊蓄著無窮的悲涼感慨。見司馬遷著，楊家駱主編：《新校本史記三家注》，頁389。

〔註115〕　見令狐德棻等撰，楊家駱主編：《新校本周書》（台北：鼎文，1993年6月），頁735。仇兆鰲：《杜詩詳注》，頁75。

〔註116〕　見《戎庵詩存》次廿一，頁657。

〔註117〕　見司馬遷著，楊家駱主編：《新校本史記三家注》，〈田儋列傳〉，頁2649。〈孝武本紀〉，頁455。

旅之痛,〈香港蘇公和詩結云勸君歸理峨嵋宅三徑羊求定是誰再酬一首〉云:
「回首木天人老矣,弄珠滄海月明中。……不感風雲感羈旅,子山詩賦暮年
雄。」〈再疊白樂天燕子樓韻酬柳州沙培錚賀年〉亦云:「踪跡東周剩野煙,
白頭詞客獨悽然。蘭成晚暮江關恨,最是江南作賦年。」〔註118〕藉古喻今,
獨抱鄉關之思,秉筆爲文,又學庾信,故羅尙詩文中俯拾即是羈旅悽惻之感。

二、懷邦撫亂

雖然家國如此破敗,僅保有蓬萊一島,暫時偏安,再無興復的可能,但
仍不免哀傷覆敗、祈願復興,尤其是羅尙少年從戎,爲國家奉獻心力,有著
遠大的抱負理想,如今理想零落,每當想起故國河山,便有更多愁緒縈懷,
而這其中自然也參雜了對故鄉的思念。

對故國河山的悽愴愁懷,事實上難與對蒼生的關懷完全分離,如〈懷園
督促爲幼椿翁作詩〉云:

> 海客歸槎正及秋,卻來袖手看神州。
>
> 深杯美酒蒼生淚,忍醉多情到白頭。〔註119〕

雖作詩贈人,卻是自道心事,點化陸游〈書憤〉之語:「關河自古無窮事,誰
料如今袖手看。」〔註120〕感慨沈鬱,溫雅深刻,音韻宛然,更勝原作。第一
句先交代作詩緣由,第二句隨即人我雙寫,以「卻」字轉換歸國歡樂的情景,
「袖手看」,則道出了對神州覆敗無能爲力的悲哀,一片茫然無奈蘊積待發。
三、四句隨即將無奈轉化爲深婉感人的哀愁,而又含蘊無盡的悲願,眼見蒼
生艱苦,不忍獨自樂樂,遂以宏偉的堅忍溫柔,同體蒼生的苦難,煥發至情
至性的仁人胸懷。

既願爲蒼生多情到白頭,就不會以個人出處爲意,只多方關注家國的陳
疾,〈春晚絕句〉云:

> 老無羈羽沈鱗感,俯仰隨人謝不能。
>
> 尚有哀時微意在,自難無愛又無憎。〔註121〕

既無羈羽沈鱗之感,自然不會俯仰隨人,而有剛健的人格,能享受個人生命,
充實喜悅的生活。但羅尙並沒有就此放逸安樂,三、四句語意一轉,指出因

〔註118〕見《戎庵詩存》次十七,頁544。次廿三,頁703。
〔註119〕見《戎庵詩存》次五,頁210。
〔註120〕見陸游:《陸放翁全集》,《劍南詩稿》卷三十五,頁547。
〔註121〕見《戎庵詩存》次十九,頁603。

有哀時微意，哀憐國家蒼生，所以難於無愛無憎。表現出卓然寬厚的慈憫，儒家心繫天下的胸懷，自高於刻意干求、心繫權勢的俗士。此二句反用李商隱〈北青蘿〉詩句之意，李詩述訪問老僧，因處於清靜之地而生出「世界微塵裏，吾寧愛與憎」的感慨，〔註122〕羅尚反用其意，突顯了對家國關懷，更顯得警醒拔俗。

又如〈重抄舊稿按年編次削至不能再削詩以志之〉云：

鴻爪天涯印雪泥，飄飛不復計東西。

百年家國無窮事，半是深宵忍淚題。〔註123〕

以蘇軾〈和子由澠池懷舊〉的名句開頭，指出個人的蹤跡雖然同樣是那麼飄泊，但對於動亂紛紜的時局，在艱苦疲弊中生活著的蒼生，卻不曾忘懷，每每在夜半深宵，繁雜的日常工作結束後，越能深刻體會而忍淚題記。〈馬尼拉黎刹公園內有中國區門額篆書天下為公右鄰為日本公園〉云：「今夜客來胡不感，何時天下果為公。」〈秋興〉亦云：「近百年來家國恨，椎心刻骨託詩聲。」〔註124〕戰禍頻仍，天下紛擾，國際間的對抗，多起於個人私心，視人民為芻狗，欲納國家為己有，變他國成屬國，所以只要掌權者或多數人的想法不變，天下為公終究是難以達成的理想。羅尚深知這是人世的悲哀，只好努力將椎心刻骨的家國動亂載於詩中，一面等待後人來體悟，一面「偷向山河行默禱」，〔註125〕雖然椎心刻骨的悲愁難以飛揚跋扈，重振國魂，但猶默祝蒼天珍惜民命，更啟新運。

臺灣新運的開啟應始於國府遷臺後，進行的一連串土地改革，三十八（1949）年首先施行「三七五減租」，四十一（1952）年實施公地放領，四十二（1953）年實施「耕者有其田」，對農業復甦、農民生計、民生安定有極大助益，〈細雨〉云：

連阡寂無事，禾黍已登場。欲識農心喜，端憂吏足忙。

均田新政美，擊壤庶民康。覓食蚊蝱側，艱危孰敢忘。〔註126〕

雖然羅尚難得讚美時政，而多有憂時撫世，諷刺政府、官員舉措的言論，但

〔註122〕李商隱〈北青蘿〉：「殘陽西入崦，茅屋訪孤僧。落葉人何在，寒雲路幾層。獨敲初夜磬，閒倚一枝藤。世界微塵裏，吾寧愛與憎。」見李商隱撰，劉學鍇、余恕誠集解：《李商隱詩歌集解》，頁1871～1873。
〔註123〕見《戎庵詩存》次十八，頁573。
〔註124〕見《戎庵詩存》次六，頁226～227。次六，頁294。
〔註125〕見《戎庵詩存》次二，〈偶成〉，頁22。
〔註126〕見《戎庵詩存》次二，頁29。

見到農民欣喜，也不吝於讚美。禾黍累累，是豐年吉兆，農民歡欣，官員奔忙，士庶群策群力，都是為了能夠在蓬萊島生存，尤其兩岸緊張，中共虎視眈眈，國事艱危，更應該謹慎施政。即使在安樂的時候，也應當要有憂患意識。

　　羅尚有知識份子的堅持，故不俯仰隨人，又關注家國蒼生，故有深刻的憂患意識，〈逆風〉云：

　　　　逆風掀浪海難平，只恐高於赤崁城。

　　　　強弩三千籌措未，百憂唯是集書生。〔註127〕

古寧頭一役我方大勝後，中共也瞭解海島作戰的困難，尤其美國第七艦隊協防台海，只能以砲擊金門，或運用外交手段打擊我方，但在聯合國逼退臺灣，取代席位後，中共對臺灣的威脅就與日俱增。此詩以逆風喻中共，強弩三千喻防禦的武備，稱中共縱肆武力一統臺灣的野心，屢使台海揚波，波浪越來越凶猛，恐真兵臨城下，不知政府武備是否已經修整待發？「百憂唯是集書生」，寫得極沈痛傷感，不僅點出個人慮患的深沈，也諷刺官員無知漠視，大敵當前，卻仍作著春秋大夢。〈秋盡對菊〉更云：「自有勛華歸豎子，獨餘憂患付書生。」〔註128〕指出書生憂患的根源在於政府的獎拔不公，用人不明，將勛華歸於豎子，自然不會以國事為重，不知國家的危難艱虞，空使書生憂患國事。〈觀音海水浴場對月三疊藍氎韻〉又云：「烽煙日日起四遠，安堵百姓誰奇男。……不以權力代知識，妖腰亂領終須戡。」〔註129〕強調政府必須重視人才，不以權利蔑視專業知識，因為只有人才方能安頓蒼生，創造治世。若政府反其道而行，以權力舞弄一切，必使妖腰亂領縱橫，不僅自侮，也陷國家蒼生於不幸之地。

　　羅尚或許是受太史公的影響，認為時代的治亂，端視執政者是否悲憫蒼生、英才能否受到重用，〈亂世〉云：

　　　　亂世餘安命，明時有棄才。可憐前席問，不盡後賢哀。

　　　　絳灌今無數，良平倘再來。乾坤猶混沌，懷抱向誰開。〔註130〕

此詩雖有自傷不遇的意味，但更重要的卻是對執政者不恤生民、家國動盪、

〔註127〕見《戎庵詩存》次六，頁 233。此詩作於民國六十二（1973）年，當時臺灣已退出聯合國。

〔註128〕見《戎庵詩存》次十，頁 437。

〔註129〕見《戎庵詩存》次七，頁 349～350。

〔註130〕見《戎庵詩存》次二，頁 36。

不見英才的悲憐。前四句用虛筆，點出要有英才時時為國為民服務，規摹擘畫、繼往開來，是多麼不容易。首聯先以亂世、明時對舉，表面說很難做到野無遺賢，以聊以自慰，但實際上卻是諷刺政府不任用真正的賢才，這裡暗用孟浩然的典故，他當著唐玄宗面吟「不才明主棄」，遭到放還。〔註131〕頷聯緊接著化用李商隱名作〈賈生〉：「可憐夜半虛前席，不問蒼生問鬼神。」藉著漢文帝夜半仍虛席求教賈誼，卻不是問關乎蒼生、國家的大事，而是問鬼神之事，〔註132〕暗地諷刺執政者即使賞識英才，也未必真的重用來安民定國。古有明鑒，即使賢明有道如漢文帝，都會做出令後賢同感哀嘆的事，更何況今日的執政者不若漢文帝賢明呢？〈撫亂詞〉更反用典故諷刺云：「癡兒妄意回天地，淑世今無問鬼神。」〔註133〕崇敬鬼神卻無人文精神，便是迷信，但有人文精神注入的尊崇鬼神，卻是禮義教養、人文化成的一環，〔註134〕國民黨妄想回天轉地，卻連鬼神都不尊重，顯然連最基本的人文教養都已失敗，所以羅尚感嘆道：「殿堂金碧高噓蜃，口舌雌黃亂鼓蛙。……如今古道銷亡盡，家國公私百不諧。」〔註135〕亂口雌黃，公私不諧，就更不用談淑世了。

頸聯語勢提振，由哀憐前賢轉而以實筆批判當前政府的官員、將領無數，卻盡皆無文，而如張良、陳平，真正能運籌帷幄、安治國家、道濟蒼生的英才，終不可見。絳灌，指絳侯周勃、潁陰侯灌嬰，都是輔佐劉邦建立漢

〔註131〕《新唐書‧文藝傳》載孟浩然受王維邀入內署，俄而玄宗至，浩然匿牀下，維以實對，帝喜曰：「朕聞其人而未見也，何懼而匿？」詔浩然出。帝問其詩，浩然再拜，自誦所為，至「不才明主棄」之句，帝曰：「卿不求仕，而朕未嘗棄卿，奈何誣我？」因放還。見歐陽修、宋祁撰，楊家駱主編，《新校本新唐書》（台北：鼎文，1994 年 10 月），頁 5779。葉慶炳說此事：「出五代王定保摭言與孫光憲北夢瑣言，兩書記載亦不一致，蓋皆出於傳聞，未必屬實。」見葉慶炳：《中國文學史》（台北：學生，1992 年 3 月），頁 356。

〔註132〕《史記‧屈原賈生列傳》載：「孝文帝方受釐，坐宣室。上因感鬼神事，而問鬼神之本。賈生因具道所以然之狀。至夜半，文帝前席。」見司馬遷著，楊家駱主編：《新校本史記三家注》，頁 2502～2503。

〔註133〕見《戎庵詩存》次十八，頁 572。

〔註134〕《荀子‧天論》云：「日月食而救之，天旱而雩，卜筮然後決大事，非以為得求也，以文之也。」〈禮論〉云：「禮者，謹於治生死者也。生，人之始也；死，人之終也，終始俱善，人道畢矣。故君子敬始而慎終，終始如一，是君子之道，禮義之文也。」見梁啟雄：《荀子簡釋》（台北：木鐸，1988 年 9 月），頁 228，頁 262。

〔註135〕見《戎庵詩存》次九，〈三疊骸韻〉，頁 399。

朝的名將，但不識治國大體。不見真正的英才，遂使國家、蒼生的未來猶是混沌迷茫，令人哀憐憂慮不止，也無處傾吐。此詩結構謹嚴，但出語較為發露。

相對於〈亂世〉的淒涼，同樣哀憐天步艱困、英才不能盡其所能的歌行體〈高樓篇〉就寫得氣勢賁張：

> 從軍早歲擊倭寇，入海所冀詩能求。
>
> 道消甲戌志士痛，此生長抱蘭成愁。
>
> 西山木石有時盡，西臺涕淚無時收。
>
> 一國之士寡蛩駏，一車之載同薰蕕。
>
> 邯鄲只與趙括將，廣武肯用陳平謀。〔註136〕

以梁亡而庾信羈留北朝，多有家國、鄉關之痛，喻大陸覆敗，渡海來臺的羈旅鄉愁。話鋒一轉，隨即批評政府用人不當，不知拔擢優秀人才，不能貶抑庸碌之輩，徒使良莠同處，而良莠同處的結果，往往就是劣幣驅逐良幣，等於變相鼓勵官員、將領自私自利、爭功諉過，以爭奪權位。譬如勞苦功高的孫立人將軍，因不是出身自黃埔軍校，遂不斷受到打壓，沒有得到與戰功相等的待遇，這在第五章第四節中會說明，不在此贅述。蛩駏，指蛩蛩與駏驢二獸，常與蟨獸一同行動，互助共生，蟨獸食得甘草，就給予蛩蛩、駏驢，二獸見危急，就負載蟨獸奔逃。薰蕕，典出《左傳・僖公四年》：「一薰一蕕，十年尚猶有臭。」〔註137〕薰是香草，蕕是臭草，十年尚有臭味，顯然善易消，而惡難除。時局艱危，將領、官員不知互助，猶然排擠英才，國家豈能不淪喪，生靈豈可不受塗炭？

「邯鄲」二句更以對比方式，突顯執政者應有識人之明，善用人才，才能安定天下。若相信趙括之流的人物，國家必當衰敗，若肯用陳平之輩的計謀，必大有可為。趙括擅於紙上談兵，卻在長平一役中戰敗投降，趙卒四十餘萬人盡遭秦軍坑殺，邯鄲因此危急，趙國元氣大傷。〔註138〕廣武，在今河南省滎陽縣東北，楚漢相爭時，漢王被圍困於此，陳平獻反間記，離間項王與范增、鍾離眜之間的信賴，終於破楚，大定天下。〔註139〕可見用人得

〔註136〕見《戎庵詩存》次三，頁122。

〔註137〕見楊伯峻撰：《春秋左傳注》，頁295～296。

〔註138〕《史記》多處載此事。見司馬遷著，楊家駱主編：《新校本史記三家注》，頁1826，頁2334～2335，頁2447。

〔註139〕見司馬遷著，楊家駱主編：《新校本史記三家注》，頁2055～2056。

當與否，對國家的未來實有決定性的影響，而言下之意，亦含有對政府用人失當的批判。

羅尚對家國喪亂、蒼生蒙難的感慨，也如實反映在見到前輩相片時，〈為默君校長題李石曾藏中山先生張人傑蔡元培吳敬恒相集〉云：

> 各有勛名垂宇宙，可無靈爽為蒼生？
>
> 舊游如夢天如醉，多少神州未了情。〔註 140〕

靈爽，即神靈。首二句已有無窮慨嘆，百年來家國動盪，蒼生不能安樂，仍有中山先生、蔡元培諸人戮力為國，如今他們都已仙逝，而理想未成，是否神靈仍為蒼生辛苦奔忙？而祈求前賢神靈，是否「時無英雄」，以慰蒼生？後二句就在這些惘惘回想中，引發更巨大的失意迷茫，彷彿蒼天與人同醉，瀰漫著舊夢，欲尋而不得。二句有無窮愁懷，音情哀婉。

天如醉，暗用天帝剪鶉賜秦的典故，張衡〈西京賦〉云：「昔者大帝說秦繆公而覿之，饗以鈞天廣樂。帝有醉焉，乃為金策，賜用此土，而翦諸鶉首。」〔註 141〕天帝醉後，將土地賜秦，喻國家敗喪，大陸為中共所得。此後，神州情未了，只能在臺灣夢回故國，空吟著「秋心天地外，故國夢魂中」，「左股未收龍穴露，江關詩賦二山哀」。〔註 142〕二山，指庾信（字子山）、元好問（號遺山），羅尚常自言與二山同有故國江關之思。

故國江關之思是人情之常，即使深知再難回到神州、四川故家，也不免屢屢憶念舊遊，〈秋夜有作〉云：

> 二分明月二分秋，滿地江湖滿地愁。
>
> 留命觀天吾自肯，圍棋破賊孰能儔。
>
> 雞聲只許傷心聽，龍定真成百念休。
>
> 卻憶故園千樹橘，倘遲遊子繫歸舟。〔註 143〕

首聯對起，「愁」為通篇詩眼，以滿地江湖喻國家殘破，秋心凝重，滿目愁懷，彷彿一片愁懷化作明月，月光臨照之處，盡是江湖衰颯，蕭條淒涼景象。頷聯靜定持重，不言愁，而愁自在其中。以理性開展，雖然滿地江湖，愁緒漫天，仍願留命觀天，看蒼天、執政將如何開展天步國運，只是如同謝安在

〔註 140〕見《戎庵詩存》次三，頁 74。

〔註 141〕見蕭統編，李善注：《文選》，頁 31。

〔註 142〕見《戎庵詩存》次四，〈秋感〉，頁 136。次廿三，〈歸人〉，頁 707。

〔註 143〕見《戎庵詩存》次四，頁 172。

圍棋間破賊的鎮定沈著、智慧高謀，今日又豈有人能相儔？〔註144〕早知沒有曠世英才，就不可能復國，甚至連偏安局面都難以長久維繫，如此時局，如何令人安心。

頸聯由執政的不求振作而傷心沈痛，遂欲求斷絕心念，以斷絕傷感。「雞聲」一句，化用祖逖、劉琨聞雞起舞的典故，〔註145〕不僅了無痕跡，且哀婉直撼人心。祖逖、劉琨在國難時頗思振作，故勤練武藝，然而政府卻無此大志，故一聽雞聲，只能傷心以對，於是轉尋佛教的龍定境界，以求安定紛煩傷心的心念，一入龍定境界，百感哀念自然休歇，不再傷人。但這樣的龍定其實並非是真的龍定，而是根質於傷心所形成的死心、萬念俱灰。末聯由龍定脫出，龍定本應無念，但故園情景卻在不思量中兀自飛來，令人憶念，可見鄉思的濃厚、鄉愁的深刻了。

這種懷邦撫亂，兼傷羈旅的情懷，使文章多有怨悱之音，即使在描繪自然風物中也可得見，如〈息機〉云：「月色清涼秋已老，溪聲細斷水安歸？」〔註146〕哀怨蒼涼，歸路茫惑。又如〈歲晚〉云：「梅花客路傷心白，璧月雲涯照夢圓。」〔註147〕婉麗而沈痛。回鄉不成，只能夢中一圓心願。只盼南柯一夢中，莫再變滄海為桑田！再如〈聞角三疊天韻〉云：「我與邦家同命運，誰能詩酒即神仙。月移花影聞吹角，風捲沙塵憶戍邊。」〔註148〕高華慷慨，雖處亂離而不減豪情，健爽渾闊，而哀角瀰漫，為亂離的邦家平添幽怨。又如〈秋晚〉云：「誰家吹笛怨南征，露下星飛與和聲。今夜惘然非昨夜，此生胡敢望他生。」〔註149〕跌宕轉折，諷怨無盡，離憂難消，婉麗出自義山，沈痛猶如蘭成，彷彿星光與笛聲交織，一片惘惘。

〔註144〕符堅率百萬眾次於淮肥，「（謝）安命駕出山墅，親朋畢集，方與（謝）玄圍棋賭別墅。安常棋劣於玄，是日玄懼，便為敵手而又不勝。安顧謂其甥羊曇曰：『以墅乞汝。』安遂游涉，至夜乃還，指授將帥，各當其任。玄等既破堅，有驛書至，安方對客圍棋，看書既竟，便攝放床上，了無喜色，棋如故。客問之，徐答云：「小兒輩遂已破賊。」既罷，還內，過戶限，心喜甚，不覺屐齒之折。見房玄齡等撰，楊家駱主編：《新校本晉書‧謝安傳》，頁2075。

〔註145〕《晉書‧祖逖傳》載（祖逖）與司空劉琨俱為司州主簿，情好綢繆，共被同寢。中夜聞荒雞鳴，蹴琨覺曰：「此非惡聲也。」因起舞。見房玄齡等撰，楊家駱主編：《新校本晉書》，頁1694。

〔註146〕見《戎庵詩存》次八，頁385。

〔註147〕見《戎庵詩存》次三，頁105。

〔註148〕見《戎庵詩存》次七，頁320。

〔註149〕見《戎庵詩存》次六，頁313。

　　羅尚懷邦撫亂，不僅見於所書寫的自然風物中，也善用故實，如〈柳〉
云：

　　　　滿目依依總不堪，先鳴鵾鳩忌匙匙。

　　　　前生我是桓司馬，無限傷心在漢南。

又如〈秋柳〉云：

　　　　昔日依依在漢南，如今搖落對江潭。

　　　　多情豈止桓司馬，滿目紅桑更不堪。〔註150〕

《世說新語・言語》載：「桓公（溫）北伐經金城，見前為琅邪時種柳，皆已
十圍，慨然曰：『木猶如此，人何以堪！』攀枝執條，泫然流淚。」琅邪是金
城（今南京）前名，後來庾信誤以為金城在漢南，採入〈枯樹賦〉，云：「昔
年移柳，依依漢南。今看搖落，悽愴江潭。樹猶如此，人何以堪。」〔註151〕
羅尚漂泊蓬萊，又見楊柳依依，因而興起金陵瓦解，故國沈淪的哀痛，彷彿
前世即是桓溫，如今重遭劫難，又無力恢復，更是慨然悽愴，無限傷心。

　　〈秋柳〉則以桓溫故事相較，如今豈止柳枝搖落，已然海淺桑紅，故國
沈淪大甚於前，更令人不堪。〈屈原讚社題〉中亦云：「未料重傷後世心，無
盡湘波無盡綠。被髮狂歌又大荒，可憐三戶在紅桑。」〔註152〕彷彿歷史不斷
重演，無盡湘波更漫連無盡海濤，令人哀嘆。

　　但桓溫仍有北伐中原、恢復故土的心志，而退居蓬萊的政府卻不圖振作，
自然令人心寒，〈紅梅絕句〉云：

　　　　西湖縐碧晚鐘沈，寒盡南來故國心。

　　　　只有小紅能解意，細吹簫管助微吟。〔註153〕

化用姜白石詩詞，寫他的家國愁苦，也寫出無力恢復的悲痛。姜白石詩中有
故國之思、時局之痛，含蓄寫出南宋朝廷沒有恢復的志氣、能力，如〈項里
苔梅〉、〈雁圖〉、〈姑蘇懷古〉、〈除夜自石湖歸苕溪（其二）〉、〈登烏石寺觀
張魏公劉安成岳武穆留題劉雲侍兒意真奉命題記〉，在在哀憐「中興無限艱
難意」（〈思陵發引詩〉殘句），〔註154〕又寄居江湖，於是「孤往之懷，有不

〔註150〕見《戎庵詩存》次三，頁110。次八，頁388。
〔註151〕見余嘉錫：《世說新語箋疏》，（台北：華正，1993年10月），頁114～116。張
　　　　溥輯：《漢魏六朝百三名家集・庾開府集》（台北：文津，1979年8月）頁4744。
〔註152〕見《戎庵詩存》次四，頁135。
〔註153〕見《戎庵詩存》次四，頁163。
〔註154〕見姜夔著，夏承燾校輯《白石詩詞集》（台北：華正，1974年10月），頁46，

見諒于人而宛轉不能自已者」，〔註155〕以這些詩意觀〈暗香〉「江國正寂寂」、
「千樹壓西湖寒碧」之句，〔註156〕似難以說絕無家國慨嘆的寓意。羅尚此
詩即從此處脫出，以想像之景，寫出故國心的冷寂惆悵。晚鐘沈沈，帶出暮
色蒼茫、夜色沈寂，象徵國勢的沉落，西湖寒碧，也寒盡了南來的故國心，
失望、蒼茫將熱情、期待完全壓下，難以訴說的苦楚在胸中激盪，無人能解，
只有小紅善體人意，細吹簫管來助微吟，簫聲中彷彿理出了一片沈靜，讓如
怨如慕，如泣如訴的情懷在夜色中低迴蕩漾。後二句化用白石〈過垂虹〉：
「自作新詞韻最嬌，小紅低唱我吹簫。曲終過盡松陵路，回首煙波十四橋。」
〔註157〕而在清新秀逸中注入一片溫婉沈靜。

　　羅尚雖然常對政府失望，仍期望國家安定，百姓安居，甚至年紀已大，
仍願挺身而出，盡一分心力，〈暮秋登指南宮口號〉云：

　　　　扶仗暮秋登紫府，回頭下界漲紅塵。

　　　　黃龍劍法能傳否，把酒商量呂洞賓。〔註158〕

黃龍劍法，指呂洞賓在黃龍禪師處習得的心法、劍術。相傳呂洞賓擅劍，曾
謁拜黃龍禪師，言語不合，遂以飛劍脅刺黃龍，欲測度他的成就，結果飛劍
刺不進，轉而求黃龍指歸，黃龍言下頓契，於是作偈曰：「棄卻瓢囊摵碎琴，
如今不戀汞中金。自從一見黃龍後，始覺從前錯用心！」〔註159〕

　　紅塵高漲，對家國憂心忡忡，遂持劍把酒一向指南宮，祈請呂洞賓傳授

頁 41，頁 42，頁 41，頁 46，頁 63。
〔註155〕夏承燾語，見黃兆顯《姜白石七絕詩九十一首小箋》（台北：河洛，1978 年 5
　　　　月），頁 3。
〔註156〕見姜夔著，夏承燾校輯《白石詩詞集》，頁 127～128。
〔註157〕見姜夔著，夏承燾校輯《白石詩詞集》，頁 46。
〔註158〕見《戎庵詩存》次十八，頁 585，此詩作於民國八十（1991）年，69 歲時。
〔註159〕呂巖真人，字洞賓，京川人也。唐末三舉不第，偶於長安酒肆遇鍾離權，授
　　　　以延命術。自爾人莫之究，嘗遊廬山歸宗寺，書鐘樓壁曰：「一日清閒自在仙，
　　　　六神和合報平安。丹田有寶休尋道，對境無心莫問禪。」未幾，道經黃龍山，
　　　　睹紫雲成蓋，疑有異人，乃入謁。值龍擊鼓陞堂，龍見，意必呂公也。欲誘
　　　　而進。厲聲曰：「座旁有竊法者。」呂毅然出，問：「一粒粟中藏世界，半升
　　　　鐺內煮山川。」且道此意如何？龍指曰：「這守屍鬼！」呂曰：「爭奈囊有長
　　　　生不死藥。」龍曰：「饒經八萬劫，終是落空亡！」呂薄訝，飛劍脅之，劍不
　　　　能入，遂再拜，求指歸。龍詰曰：「半升鐺內煮山川即不問，如何是一粒粟中
　　　　藏世界？」呂於言下頓契，作偈曰：「棄卻瓢囊摵碎琴，如今不戀汞中金。自
　　　　從一見黃龍後，始覺從前錯用心！」龍矚令加護。見清・瞿汝稷編集，《指月
　　　　錄》卷 22，頁 381。

黃龍劍法，以靖紅塵。不僅有仁人胸懷，更洋溢豪傑英邁之氣。

然而神像巍巍，靜默，彷彿默示人世的事，終須由人解決，仙人既使不上力、也插不上手。

第三節　縱橫誰信始儒家

對歷史事件的解讀，往往是依據個人的胸襟、才學、閱歷，他人亦可藉由解讀而判定此人的見識高低、體悟深淺。羅尚憑其開闊的胸襟、豐富的閱歷、琢磨深邃的才學，在抒發個人感懷之餘，也將一己對歷史事件的心得呈現於詩中，時有特出見解。本節將著重說明羅尚特意強調的儒術內涵、對歷史征戰的反思，及他對少數歷史人物的不同見解。

一、縱橫儒術

羅尚最特立的見解，就是認為縱橫之術來自儒術，甚至認為「儒術即縱橫」，〈讀史絕句〉云：

> 存魯弱齊還霸越，縱橫誰信始儒家。

〈答道瞻〉亦云：

> 孔門述仁義，尚落縱橫藪。子貢一游說，五國動斫扣。
>
> 越霸吳以亡，頓解萬紛糾。

〈詠史社課〉更云：

> 春秋無義戰，儒術即縱橫。子貢一遊說，盜弄黃池兵。
>
> 夫差剛則折，句踐柔以成。〔註160〕

要說明「縱橫始於儒家」的觀點，必先簡要說明孔子對「仁」的判定，以及「孔門四科」的意涵，並詳述子貢的遊說。

從《論語》中，可以清楚見到孔子的思想以「仁」為主，講求忠恕之道、克己復禮，但這些似乎都偏向於個人修養層面，若對照孔子對管仲的評語，則知若能在事功上有極高成就，如安民定國，孔子也會稱許為「仁」，可見「仁」的意義並不偏廢事功，〈憲問〉載孔子說：「桓公九合諸侯，不以兵車，管仲之力也。如其仁！如其仁！」又因子貢問管仲「非仁者歟」，而回答說：「管仲相桓公，霸諸侯，一匡天下，民到於今受其賜。微管仲，吾其被髮左衽矣！」

〔註160〕見《戎庵詩存》次四，頁165。次三，頁76～77。次七，347。

〔註161〕可見孔子極推崇管仲的事功，故稱許他「如其仁」。再從個人修養來看，既爲「仁」，管仲應該能「克己復禮」了，但〈八佾〉又載孔子批評管仲「器小哉」、「無儉」、「不知禮」。〔註162〕顯然孔子的「仁」，並不以個人修養爲限，只要能安民定國，也能稱許爲「仁」。

〈先進〉又曾提出所謂的「孔門四科」，即「德行：顏淵、閔子騫、冉伯牛、仲弓；言語：宰我、子貢；政事：冉有、季路；文學：子游、子夏」，〔註163〕姑不論孔子對宰我、冉有的強烈批評，〔註164〕及對德行四賢的特意推崇，若由此四科來看，儒術的內涵顯然不僅止於個人修養，四科皆不可偏廢。若只偏重個人修養，而不重視其他治術，如德行四賢無任何外在事功，則國家平時的政事、經濟、教育文化，恐怕不能順利推展，若遭逢危難，更將無以解危。孟子亦云：「徒善不足以爲政，徒法不能以自行。」〔註165〕故必當有言語、法政、經濟等各式人才同心齊力，才能平治。

這在魯國遭逢急難時，就可看出。當時曾被孔子讚揚爲「瑚璉」的子貢，〔註166〕在魯國危急時，展現了極高明的外交手腕，保存了魯國，呈現了儒術中的言語之術面貌，令羅尙大加讚揚，但他也認爲這便是縱橫之術的由來。

《史記·仲尼弟子列傳》載田常欲伐魯，子貢銜孔子之命向各國遊說，以保存魯國。子貢先至齊說田常，曰：「今君破魯以廣齊，戰勝以驕主，破國以尊臣，而君之功不與焉，則交日疏於主。……夫上驕則恣，臣驕則爭，是君上與主有卻，下與大臣交爭也。如此，則君之立於齊危矣。故曰不如伐

〔註161〕見朱熹：《四書集註·論語》，頁151～152。

〔註162〕子曰：「管仲之器小哉！」或曰：「管仲儉乎？」曰：「管氏有三歸，官事不攝，焉得儉？」「然則管仲知禮乎？」曰：「邦君樹塞門，管氏亦樹塞門；邦君爲兩君之好，有反坫，管氏亦有反坫。管氏而知禮，孰不知禮？」見朱熹：《四書集註·論語》，頁72。

〔註163〕見朱熹：《四書集註·論語》，頁123。

〔註164〕《論語·公冶長》載：宰予晝寢。子曰：「朽木不可雕也，糞土之牆不可杇也，於予與何誅？」子曰：「始吾於人也，聽其言而信其行；今吾於人也，聽其言而觀其行。於予與改是。」〈先進〉載：季氏富於周公，而求也爲之聚斂而附益之。子曰：「非吾徒也，小子鳴鼓而攻之，可也！」見朱熹：《四書集註·論語》，頁81，頁126。

〔註165〕見朱熹：《四書集註》《孟子·離婁上》，頁291。

〔註166〕《論語·公冶長》載：子貢問曰：「賜也何如？」子曰：「女器也。」曰：「何器也？」曰：「瑚璉也。」瑚璉是宗廟盛黍稷之器，而飾以玉，是器之貴重而華美者，顯然子貢雖未至於不器，但也是器中的貴重者。見朱熹：《四書集註·論語》，頁79～80。

吳。伐吳不勝，民人外死，大臣內空，是君上無強臣之敵，下無民人之過，孤主制齊者唯君也。」田常起初有所疑慮，因齊軍已出發征魯，突然轉向攻吳，並不自然，將引起其他大臣的懷疑。於是子貢又自請向吳王進言，使吳王攻齊，則齊軍自然要轉向與吳國作戰。田常於是許諾，魯國也得以保存。

子貢又向吳王夫差進言，強調救魯伐齊可以顯名，而且一旦戰勝，就可以威加晉國而成霸業，深得吳王歡心。然後又因吳王對越國的疑慮，而自請出使越國，令越王出兵相從。

結果子貢向越王句踐建言，「發士卒佐之以徼其志，重寶以說其心，卑辭以尊其禮」，使吳王安心伐齊，若吳不勝，是越王之福，若吳戰勝，必然引兵向晉，欲求爭霸，兵疲師勞，難以再戰，越王可趁此滅吳。越王渴求報仇雪恥，自是言聽計從。

而後子貢還報吳王，說越王將發兵助吳，不敢謀叛。隨即又前往晉國，請晉君修整軍備，謀定後動，以待吳軍。

最後子貢回魯，吳王在艾陵大破齊師，隨即引兵黃池，與晉國爭強，失利。越王聽聞，即涉江伐吳。吳軍回救，三戰不勝，越王句踐遂殺吳王夫差，並戮吳太宰嚭，吳國滅亡。三年後，越國稱霸中原。

太史公最後下評語：「子貢一出，存魯，亂齊，破吳，彊晉而霸越。子貢一使，使勢相破，十年之中，五國各有變。」並稱：「子貢好廢舉，與時轉貨賮。……常相魯衛，家累千金，卒終于齊。」〔註167〕

綜觀子貢的遊說，可見：一、子貢果然不辱孔子之命，確實達成保存魯國的目標；二、真正的儒者，應當對國際政治情勢有清楚深刻的理解，這點與《莊子·田子方》中的儒者形象，「事至而斷」、「千轉萬變而不窮」，〔註168〕頗為相似；三、國際政治上，以己國利益為優先考量，故子貢的遊說不以仁義砥礪人主，且必要投人主所好，才能成功。

〔註167〕 詳見司馬遷著，楊家駱主編：《新校本史記三家注》，頁2197～2201。

〔註168〕 《莊子·田子方》載：莊子見魯哀公。哀公曰：「魯多儒士，少為先生方者。」莊子曰：「魯少儒。」哀公曰：「舉魯國而儒服，何謂少乎？」莊子曰：「周聞之：儒者冠圜冠者，知天時；履句屨者，知地形；緩佩玦者，事至而斷。君子有其道者，未必為其服也；為其服者，未必知其道也。公固以為不然，何不號於國中曰：『無此道而為此服者，其罪死！』」於是哀公號之五日，而魯國無敢儒服者，獨有一丈夫儒服而立乎公門。公即召而問以國事，千轉萬變而不窮。莊子曰：「以魯國而儒者一人耳，可謂多乎？」見郭慶藩編，王孝魚整理：《莊子集釋》，頁717。

可是令人茫惑之處也在此，魯國的確是保存了，但是魯國的保存，卻並非施行仁政，或以仁義勸服他國國君，共榮共利的結果，而是從「誘人以利」出發，甚至不惜犧牲他國及其人民，顛倒事實，幾無仁義可言。對田常、對吳王、對越王的遊說，莫不如此，甚至連「威加晉國」的策略都是子貢提出的。結果子貢卻以此向越王建言，可藉機滅吳；又向晉君通風報信，要整修武備，藉此削弱吳軍的戰力，使得「威加晉國」、稱霸中原的策略反而變成「亡吳」的策略。〈新正讀書〉就指出：「吳人莫漫責雲鬢，爭長黃池啓禍端。」〔註169〕不須責備西施迷惑吳王，若吳王擊敗齊軍就回國，吳軍也就不會敗於晉軍，士氣低迷下，又被迫倉促應戰越軍，導致一連串的失敗。可見吳王好大喜功，一心爭霸，爭長黃池，才是真正讓吳國覆滅的禍根。而且，雖說子貢是為保存魯國而進行遊說，但其中引發的多次征戰，都算不上義戰。

就這幾點而言，子貢的遊說與為求達成目的，不擇手段的後世縱橫之術又有何分別？而子貢還是孔門言語之賢，受孔子讚揚為「瑚璉」的人呢，此番遊說更是銜孔子之命進行！

所以羅尚就認為縱橫之術源始於儒家之術，甚至根本就是儒術。再者，二者或許手段相同，但最重要的是初發心並不相同，蘇秦、張儀的縱橫術，畢竟純粹是以拓展個人、國家的利益為優先，故詐欺詭譎，肆無忌憚，屢用不鮮；而儒術的縱橫，卻是以國家的救亡圖存為優先，雖有詐欺之嫌，卻不以此相尚。所以子貢此後雖常相魯、衛，可是終究不見他再運用如此殘民破國的手法了。

羅尚更認為仁義之道在戰亂頻仍的時代裡，根本就無法濟困，子貢之術才是真儒術，才能開展新局，〈感興〉云：

> 卻晉而弱齊，沼吳因霸越。魯國賴以安，賜逞三寸舌。
>
> 何以異儀秦，此即真儒術。仁義不濟困，至有在陳蹶。
>
> 空垂相斫書，誰復懼斧鉞。〔註170〕

孔子曾為魯大司寇，攝相事，但因魯定公沈迷女樂，遂離開魯國，周遊列國，《史記‧孔子世家》稱：「斥乎齊，逐乎宋、衛，困於陳、蔡之間，於是反魯。」在陳蔡之間被圍一事，乃因陳、蔡大夫懼怕楚用孔子，使楚壯大而危及他們，故派出徒役，將孔子圍困在郊野。當眾人無能為力、斷糧之際，孔

〔註169〕見《戎庵詩存》次四，頁69。
〔註170〕見《戎庵詩存》次六，頁270。

子安撫子路說：「譬使仁者而必信，安有伯夷、叔齊？使知者而必行，安有王子比干？」然後仍與顏回高談闊論，顏回說：「夫道之不脩也，是吾醜也。夫道既已大脩而不用，是有國者之醜也。不容何病，不容然後見君子！」而最後解除危難的人仍是子貢，子貢銜命使楚，說服楚昭王出動軍隊迎接孔子，然後危難才得以解除。〔註171〕

故羅尚認為，仁義之道雖然理想高遠，目標崇大，卻無法濟救困頓、亂世，即使孔子作《春秋》，嚴褒貶，流傳後世，即使孟子說：「孔子成《春秋》而亂臣賊子懼。」〔註172〕但事實上，若懼怕刑罰、污名，就不會當亂臣賊子了，也當不成了。且亂臣賊子只在乎切身的利益有無獲得，而史書記載、後世名聲，根本與切身利益無關，既與切身利益無關，誰又會理會史書記載的影響呢，即使遺臭萬年，又如何？

羅尚之所以有如此見解，也當與親身經歷相關，眼見家國動盪，卻無人可以洞見未來，審度局勢，詳加規模擘畫，連結與國，以仰仗安危，共濟時艱，上位者只空言仁義，以為空言仁義就能興利除弊，庸庸碌碌，遂使家國淪喪於亂臣賊子之手，沈痛至極，〈寄懷頌橘盧香江〉批評云：

存魯弱齊還霸越，至今儒效已全非。

〈春晚絕句〉亦云：

用世今賢薄古賢，縱橫儒術久無傳。〔註173〕

空言理想、夢想、信仰，卻沒有切實可行的遠大謀略，不能建立可長可久的穩定制度，那一切理想、信仰，甚至希望，都將隳壞不存，如此國家將更形危殆。故批評今日的上位者過度自負，鄙薄前賢，卻無前賢的才幹，又不能學習到前賢的精萃，國運自然難以開展，令人慨嘆。

羅尚也認為毛遂的智勇，即是出自縱橫儒術，〈送道瞻之北美任所〉云：

君看群盜會黃池，儒術縱橫史載之。

存魯弱齊端木賜，後來毛遂有餘師。〔註174〕

長平之役後，趙國邯鄲被圍，毛遂陪同平原君出使楚國，以求救兵。毛遂至楚，先與其他陪同而來的十九名賓客論議，令十九人皆服。與楚討論合縱利

〔註171〕《史記・孔子世家》對孔子周遊列國的不順遂，記載甚詳。見司馬遷著，楊家駱主編：《新校本史記三家注》，頁1909～1935。
〔註172〕見朱熹：《四書集註》《孟子・滕文公下》，頁287。
〔註173〕見《戎庵詩存》次四，頁176。次十九，頁604。
〔註174〕見《戎庵詩存》次十，頁431。

害時，又按劍歷階，以「十步之內，王不得恃楚國之眾也，王之命懸於遂手」的威勢重挫楚王銳氣，再以秦楚的百世之怨勸服楚王，結成合縱，出兵救趙，使趙爲天下所重，而解邯鄲之圍，可見毛遂的膽識精湛。

　　毛遂達成保存趙國的任務後，雖爲平原君上客，卻如同子貢，再也沒有運用過如此造次、不得已的手段了，故羅尙將他與子貢並稱，同列爲「縱橫儒術」的代表。

　　羅尙也從子貢遊說，致使吳國滅亡的教訓中，對部分朝代興亡的緣由有了不同的認識，〈詠史與藥樓同作〉云：

　　　伯夷高義史無同，炳炳昌黎一頌中。

　　　紂豈不仁徵子貢，興亡在數理難窮。〔註175〕

《史記・伯夷列傳》載，當周武王伐紂時，伯夷、叔齊諫阻曰：「父死不葬，爰及干戈，可謂孝乎？以臣弑君，可謂仁乎？」認爲伐紂不過是「以暴易暴」，以臣弑君，於是在天下歸周後，不食周粟，餓死首陽山。〔註176〕昌黎〈伯夷頌〉更稱讚伯夷爲「信道篤而自知明」，「特立獨行，窮天地亙萬世而不顧者」。〔註177〕

　　但若殷紂果眞暴虐無道，伯夷、叔齊爲何仍不贊同加以討伐，而要執持禪讓之道而不改？因爲既然暴虐無道，就會極力掌控權柄，不可能禪讓，既然不可能禪讓，就只好討伐。況且孟子說過：「賊仁者，謂之賊；賊義者，謂之殘。殘賊之人，謂之一夫。聞誅一夫紂矣，未聞弑君也。」〔註178〕如果殷紂果眞暴虐無道，那周武王誅殺的不過是獨夫，而非國君。然而伯夷、叔齊卻如此執持，不贊同討伐殷紂，可見以殷紂暴虐無道而出兵征伐的理由並不易完全服人。

　　《論語・子張》亦載子貢云：「紂之不善，不如是之甚也。是以君子惡居下流，天下之惡皆歸焉。」〔註179〕顯然殷紂並非像一般流傳得那麼殘暴不善。再回想子貢遊說的情形，吳王並不殘暴，卻因此國滅身殉。因此，羅尙開始懷疑殷紂果眞暴虐無道？並認爲家國興亡恐怕正在天數、時機中，若要探求敗亡之由，恐難窮盡，而非仁與不仁，如此簡單的劃分。

〔註175〕見《戎庵詩存》次廿五，頁722。
〔註176〕見司馬遷著，楊家駱主編：《新校本史記三家注》，頁2123。
〔註177〕見韓愈撰，馬其昶校注：《韓昌黎文集校注》，頁36～37。
〔註178〕見朱熹：《四書集註》《孟子・梁惠王下》，頁222。
〔註179〕見朱熹：《四書集註》《論語・子張》，頁188。

　　羅尚未曾考究過上古史，也未曾讀過郭沫若的《十批判書‧古代研究的自我批判》，但對於殷紂敗亡的看法，卻與郭氏有部分相似。據郭氏的考證，殷紂當時並無不仁，反而還有很大的功績，殷朝經數十年對東南夷（約在山東、淮河流域）用兵，終於在他手上取得勝利，但戰爭使國力、兵力耗損巨大，給予周武王可乘之機，當周武王進擊時，只好調派在東南夷俘虜的軍隊至對周戰爭前線，偏偏這些軍隊又倒戈相向，遂使殷紂戰敗，商朝敗亡。〔註180〕可見朝代興亡，與天數、時機並非全無關係。

　　羅尚又認為儒術與佛法相通，〈文山絕句〉云：

> 溪出鳥來疊嶂中，雲歸梘尾下長空。
>
> 廣明大佛低眉坐，儒術窮時佛法窮。〔註181〕

儒術應當有遠大的志向，以蒼生、家國為念，千轉萬變而不窮，佛法亦如是，要能自覺覺他，善用八萬四千法門。一旦儒術不能化解，佛法也只能歸於寂靜，隨順自然了。

　　羅尚身處家國喪亂，特意強調縱橫儒術，自有其濃厚的家國關懷，與深刻的見識，一面希望能破除一般人對儒術只重個人修養的迷思，開闊儒者的視野，使有深宏雄健的謀略與執行能力，以保衛家國，為蒼生撫亂；一面期待真正的英才，能理解儒術的廣大精微，涵泳於其中，並將儒術發揚光大。

二、對歷史征戰的反思

　　羅尚勤讀經史，又多經戰陣，故對歷史上幾次重要的征戰成敗緣由，時有靈光一閃的見解，偶而也顯露出對時代的感慨，如〈偶成絕句〉云：

> 一寸山河一寸灰，與君同覆掌中杯。
>
> 田單豈有回天術，騎劫原非大將才。〔註182〕

前二句慷慨沈痛，雖云齊國的殘破情狀，令人同慨，但仍隱有身世之感、家國之痛。後二句指出田單的復國，並非他太高明、有回天術，而是對陣的騎劫太弱，根本不是大將的材料。也隱隱批判了當代的領袖人物、將領。

　　《史記‧田單列傳》載田單利用燕惠王與樂毅的嫌隙，只以簡單的反間法就讓樂毅去職，騎劫代替。騎劫上任後，竟先中了三次簡單的心理反間戰

〔註180〕見郭沫若：《郭沫若全集歷史篇‧十批判書》（北京：人民，1982年9月），頁12～13。

〔註181〕見《戎庵詩存》次四，頁161。

〔註182〕見《戎庵詩存》次二，頁39。

術，田單先以「假神師」令齊軍堅定信心，令燕軍疑惑，再讓燕軍割掉齊俘
虜鼻子、燒毀齊民先人屍首，〔註183〕而騎劫竟然不知這些作法的危害：首
先，還不知是否打擊了齊軍信心，就已先造成燕軍的輕敵；再者，這些作法
其實是兩面刃，可能嶑壞齊軍信心，但也可能大增齊軍的奮戰決心，而當齊
軍有失土之恨，且整軍經武，堅守多時，對燕軍的仇恨正不斷累積，燕軍的
作法就更是大增齊軍的憤恨與奮戰決心罷了。騎劫不能判斷利害，可見他多
麼不是大將的材料。難怪田單可以復國，若樂毅仍為大將，就絕不可能犯這
麼愚蠢的錯誤！同樣的，就因為當代領軍的將帥無能無智如騎劫，才會使中
共從覆滅的危急中脫胎換骨，山河寸寸成灰！

〈新正讀書〉亦云：

> 可能笑殺望諸君，一夜還齊七十城。
>
> 自怪燕王用騎劫，田單容易得功名。〔註184〕

前二句以誇飾法寫騎劫的愚昧，田單復國的迅速。望諸君，即是樂毅，樂毅
被撤換後奔降趙國，趙封號望諸君。〔註185〕後二句語意一轉，直指敗戰的
責任應在燕惠王，畢竟騎劫是他指派上任的，既然識人不明，那騎劫的愚昧
就等於是燕惠王的愚昧了。假如他不撤換樂毅，那田單也只能固守即墨，無
力反攻，成敗猶難斷定。一旦有了騎劫那麼弱的敵手，田單自然容易取得功
名。可見領袖者的決策，應負最大責任。

智略低弱的不只是騎劫，羅尚也認為范增的智略不足，〈三過郴州火車
中望義帝塚〉云：

> 項王東去霸圖空，六國山河入漢中。
>
> 只怪范增無大略，天教劉季作英雄。〔註186〕

楚漢相爭可說是一場仁德與殘暴、智力與勇力的競賽，項羽以勇力稱霸，所
過大多坑殺殘滅，僅有范增一謀士，又常不聽他的計謀，且范增智略遠遜於
劉邦的謀士張良、陳平，劉邦又以仁德收服人心，即便仁德是假，相較之下，
也已足夠令項羽的敗亡老早注定。

此詩首二句言項羽屠咸陽、燒秦宮室後，東歸彭城，而三分關中，又將

〔註183〕見司馬遷著，楊家駱主編：《新校本史記三家注》，頁2454～2455。
〔註184〕見《戎庵詩存》次三，頁69。
〔註185〕見司馬遷著，楊家駱主編：《新校本史記三家注·樂毅列傳》，頁2429。
〔註186〕見《戎庵詩存》初一，頁13。

－141－

巴、蜀、漢中封予劉邦，遂使霸圖成空，劉邦據關中而有天下。〔註187〕羅尚認爲范增無雄才大略，在這一次事件中已完全顯現。從戰略地位來看，關中富饒，又可南制漢中、荊楚，北擊匈奴，西抑西羌，東控平原，是兵家必爭之地，而范增卻不力勸項羽據以爲都城，以挾制天下，反而出餿主意，將進可攻、退可守的漢中、巴、蜀地區送給劉邦，此地正是諸葛亮在「隆中對」中爲劉備規劃的益州基地，諸葛亮認爲，只要劉備據有益州、荊州（即荊楚），北出秦川（即關中），就可成就霸業，恢復漢室。〔註188〕同理可證，只要劉邦據有此地，又有善於擘畫的謀士、英勇善戰的將軍，霸業就已成就了一半，可見此地的重要、范增的錯誤。范增沒有遠見之處還不止此，他還與項羽議定，將實力遠不及劉邦的秦國三降將分封在關中，等於也把關中奉送給劉邦了，眞是空有亞父之號！所以羅尚批評范增無大略，致使劉邦成了宰制江山的英雄。

再說，范增的錯誤其實相當多，王安石〈范增二首〉曾批評說：

中原秦鹿待新羈，力戰紛紛此一時。

有道弔民天即助，不知何用牧羊兒？

鄞人七十謾多奇，爲漢敺民了不知。

誰合軍中稱亞父？直須推讓外黃兒。〔註189〕

指責「好奇計」的范增，在秦國敗亡之際，不知勸諫項梁、項羽撫慰軍民、給人民願景，以贏取民心，竟然建議擁立楚王後裔，想藉此使人心歸附，後來找到楚懷王的孫子，在民間爲人牧羊，立爲楚懷王。〔註190〕姑且不說牧羊

〔註187〕《史記‧項羽本紀》載：「項王將東歸彭城，人或說曰：『關中阻山河四塞，地肥饒，可都以霸。』項王見秦宮室皆以燒殘破，又心懷思欲東歸，曰：『富貴不歸故鄉，如衣繡夜行，誰知之者！』說者曰：『人言楚人沐猴而冠耳，果然。』項王聞之，烹說者。」又載：「項王、范增疑沛公之有天下，業已講解，又惡負約，恐諸侯叛之，乃陰謀曰：『巴、蜀道險，秦之遷人皆居蜀。』乃曰：『巴、蜀亦關中地也。』故立沛公爲漢王，王巴、蜀、漢中，都南鄭。而三分關中，王秦降將以距塞漢王。」見司馬遷著，楊家駱主編：《新校本史記三家注》，頁315，頁316。

〔註188〕見陳壽撰，裴松之注，楊家駱主編，《新校本三國志》〈蜀書‧諸葛亮傳〉，頁912。

〔註189〕見王安石作，李壁注：《王荊公詩李氏注》卷46，頁8～9。

〔註190〕范增說項梁曰：「今陳勝首事，不立楚後而自立，其勢不長。今君起江東，楚蠭午之將皆爭附君者，以君世世楚將，能爲復立楚之後也。」於是項梁然其言乃求楚懷王孫心民間，爲人牧羊，立以爲楚懷王。見司馬遷著，楊家駱主編：《新校本史記三家注》，頁300。

兒有無遠見、仁義，此舉已爲項羽的爭霸，先預立了一道橫障。

再者，項羽曾經強攻外黃，先遭遇強烈抵抗，而後外黃投降，項羽頗爲憤怒，要將城內十五歲以上的男子全部坑殺，當地主官的孩子向他進言：如果您坑殺投降的人，百姓必然不會歸心，梁地十餘城一定死戰，不肯投降。項羽接受他的建議，結果不戰而降梁地諸城。而范增號稱「多奇計」，親見項羽所過坑殺降卒，殘滅百姓，竟不知勸阻，根本就是「爲漢毆（驅的古字）民」，把民心驅趕到劉邦那邊，見識還不如外黃當地的十三歲孩子，〔註 191〕豈是有大略的人！

然而劉邦雖然是得到了天下，卻並非眞有仁德的人，既大殺功臣，又忘救命之恩，〈偶成〉云：

> 黃金鑄印酬樊噲，白石銘勛負紀生。
>
> 我昔滎陽城下過，河聲猶作不平鳴。〔註 192〕

劉邦被圍困在滎陽，臨危之際，紀信明知必死，且將絕後，仍自告奮勇，佯裝成劉邦投降，幫助他逃脫，而被項羽燒殺。〔註 193〕劉邦大定天下後，隨他征戰的樊噲封侯，曾任左丞相、相國，漢制，丞相佩黃金印，故稱「黃金鑄印酬樊噲」。但劉邦卻完全忘記了紀信的捨身相救之恩，既無封賜，也無任何祭典，連白石銘勛都沒有。紀信絕後，沒有子嗣爲他爭取應得的封賞，固然令人哀憐，但劉邦的無情無義，卻更令人寒心。連晉文公對待介之推，都自承過錯，並補上褒揚，還是令人覺得無情了，劉邦竟比晉文公都還不如！而晉文公都被孔子批評爲「譎而不正」了，〔註 194〕劉邦的假仁假義，更可以想見。

〔註 191〕《史記・項羽本紀》載楚漢爭霸時，項羽攻外黃，「外黃不下。數日，已降，項王怒，悉令男子年十五已上詣城東，欲阬之。外黃令舍人兒年十三，往說項王曰：『彭越彊劫外黃，外黃恐，故且降，待大王。大王至，又皆阬之，百姓豈有歸心？從此以東，梁地十餘城皆恐，莫肯下矣。』項王然其言，乃赦外黃當阬者。東至睢陽，聞之皆爭下項王。」見司馬遷著，楊家駱主編：《新校本史記三家注》，頁 329。

〔註 192〕見《戎庵詩存》次二，頁 19。

〔註 193〕《史記・項羽本紀》載：項王軍圍滎陽，漢將紀信說漢王曰：「事已急矣，請爲王誑楚爲王，王可以閒出。」於是漢王夜出女子滎陽東門二千人，楚兵四面擊之。紀信乘黃屋車，傅左纛，曰：「城中食盡，漢王降。」楚軍皆呼萬歲。漢王亦與數十騎從城西門出，走成皋。項王見紀信，問：「漢王安在？」信曰：「漢王已出走。」項王燒殺紀信。見司馬遷著，楊家駱主編：《新校本史記三家注》，頁 325～326。

〔註 194〕見朱熹：《四書集註》《論語・憲問》，頁 151。

　　羅尚也為朱序抱屈，認為他在淝水之戰中的功勞極大，卻幾乎被遺忘了，〈詠史社課〉云：

　　　　兒曹破賊耳，誰錄朱序功。〔註195〕

朱序本是東晉將領，鎮守襄陽，後來城破，因為堅守不屈，苻堅嘉獎他，命為尚書。淝水之戰前，苻堅先派他說降謝石，他卻對謝石獻策：只要在苻堅百萬軍隊尚未集結完成之前攻擊，就能擊潰苻堅。於是謝石派遣軍士渡過淝水攻擊，苻堅軍隊稍微退後，朱序就在軍隊後面高喊：「苻堅軍敗！」後方軍隊不明所以，隨即奔逃，於是潰敗不止，朱序也趁機回到東晉。〔註196〕可見，若無朱序的幫助，要謝石大獲全勝，讓謝安徐徐說出：「小兒輩遂已破賊。」還真不是件容易的事。

　　可惜東晉沒有因此特意封賞朱序，《晉史》對他在淝水之戰中的事蹟也只百字不到，卻對謝安的特異從容、運籌帷幄著墨甚多，可謂酣暢淋漓，奇筆縱橫，因而使他的功績隱沒不顯，故羅尚為他深深抱屈。而世人好奇尚異，少問質實之風，也由此可見。

　　羅尚來臺，以為小不能勝大，反攻大陸根本不可能，不如善加建設臺灣，於是藉譙周故事隱隱陳訴，〈新正讀書〉云：

　　　　非隱胡為在澗阿，回天心願定誰多。

　　　　臥龍一向軍前死，遂覺譙周有不磨。〔註197〕

譙周見諸葛亮連年用兵，使百姓凋瘁，於是作〈仇國論〉，云：「今我與肇建（譙周假託的國家）皆傳國易世矣，既非秦末鼎沸之時，實有六國並據之勢，故可為文王，難為漢祖。夫民疲勞則騷擾之兆生，上慢下暴則瓦解之形起。……如遂極武黷征，土崩勢生；不幸遇難，雖有智者將不能謀之矣。」〔註198〕認為漢朝滅亡已久，且三國都已傳國易世，民心堅固，難以動搖，顯然要恢復漢室已經是不可能的了，所以不該再繼續北伐，若不斷用兵，不修內政，只會使國勢如江河日下。最後諸葛亮果然空抱恢復之志，出師未捷，卻已在五丈原病逝，鞠躬盡瘁，死而後已。孔明病逝後，蜀國果然國勢日下，後主劉禪不能振作，終究投降晉朝。羅尚身經劫難，又讀書至此，才深覺譙周的見識果真有道理，因而浩歎。

〔註195〕見《戎庵詩存》次七，頁348。

〔註196〕見房玄齡等撰，楊家駱主編：《新校本晉書・朱序傳》，頁2132～2133。

〔註197〕見《戎庵詩存》次三，頁70。

〔註198〕見陳壽撰，裴松之注，楊家駱主編：《新校本三國志》，頁1029～1030。

又藉著唐太宗的肝膽照人，諷刺執政者，以為只有寬容大度，化敵為友，善用眾人的智謀勇力，才能脫穎而出，掌握江山，〈記得一首〉曰：

記得唐初四海春，功勳不限太原人。

仇家半上凌煙閣，玉璽才歸李世民。〔註199〕

李世民俠骨柔情，用人唯才，不論是否為自己的幕僚心腹、子弟兵，更不計前嫌，貞觀十七（643）年請閻立本將二十四位開國功勳圖像繪在凌煙閣。但若細數這些功臣的原來立場，就有十一人與李世民對立為敵，甚至要殺他：魏徵，任太子建成幕僚時，曾勸建成太子殺李世民，太宗曾在宴會中回憶當時說「誠可惡也」，玄武門之變後，因感李世民知遇，遂知無不諫，助太宗成就貞觀之治；尉遲敬德，本為劉武周部將，劉氏滅後，投降李世民，起初不受諸將信任，李世民勉勵他：「丈夫以意氣相期，勿以小疑介意。」隨後李世民遇王世充突襲，他單騎營救；李靖，本欲揭發李淵謀反，後來戴罪立功，威服江南，貞觀後，對外戰功無人能及；蕭瑀，本為隋煬帝外戚重臣，後歸附唐朝，雖曾因彈劾魏徵、房玄齡而得罪李世民，但李世民稱他「疾風知勁草，板蕩識誠臣」；屈突通，本為隋朝重臣，李淵進兵長安，他竭力抵抗，兵敗被俘，歸李世民幕下，貢獻才智；張亮，本為李密部下，後歸李世民幕下，被派遣去勾結山東豪傑，被李元吉告發時，完全隱瞞派遣的事；張公謹，本為王世充部下，後歸順唐朝，入李世民幕下參與玄武門事變，協助李靖擊破突厥；程咬金，秦叔寶，本為瓦崗軍勇將，先投降王世充，後歸李世民幕下，參與玄武門事變；虞世南，本為隋朝大臣虞世基之弟，先歸竇建德，後入李世民幕下，李世民稱他有德行、忠直、博學、文辭、書翰五絕；李勣，本為瓦崗軍大將，後歸李世民，與李靖合破突厥。〔註200〕

群雄逐鹿之際，要經略天下，必然要能吸納諸多英才，李世民胸懷大度，不念舊惡，竭誠以待，故使諸人盡心輔佐，安定天下，開創貞觀之治，即使曾經對立為敵，也願意助他成就大事，這一切都是執政者所應深思學習的。

〔註199〕見《戈庵詩存》次七，頁334。
〔註200〕見後晉·劉昫等撰，楊家駱主編：《新校本舊唐書·魏徵傳》，頁2545～2548。
　　　　〈尉遲敬德傳〉，頁2495～2496。〈李靖傳〉，頁2475～2481。〈蕭瑀傳〉，頁2398～2402。〈屈突通傳〉，頁2320～2321。〈張亮傳〉，頁2514～2515。〈張公謹傳〉，頁2506～2507。〈程知節傳〉，頁2503。〈秦叔寶傳〉，頁2501～2502。〈虞世南傳〉，頁2565～2570。〈李勣傳〉，頁2483～2486。

三、對歷史人物的評價

　　羅尚身處動盪紛亂的世局中，心念蒼生，胸懷家國，期待真正的賢才來撫慰百姓，安定天下，尤其青壯年時，英氣雄邁，不可扼抑，故對於獨善其身的隱士、弔民伐罪的英主，都給予不同的評價，〈幽思〉云：

> 祖春零雨似殘秋，懷土幽思脈脈愁。
>
> 我亦登樓初有作，封書首欲責巢由。
>
> 東無觜角可煎膠，略記看成蕙變茅。
>
> 名份之間關氣象，不應猶說放南巢。〔註201〕

許由是古代著名隱士，堯安定天下後，曾要將天下讓給他，他不接受，又徵召他擔任九州長，他不願聽聞，就在潁水邊洗耳，遇到巢父牽牛喝水，問明緣由，竟說：「子若處高岸深谷，人道不通，誰能見子？子故浮游，欲聞求其名譽。污吾犢口。」認為許由希求名譽，所以才會讓人知道名聲，若牛喝了洗耳水，牛心也會遭到污染，於是牽牛到上游喝水。〔註202〕後世遂以他們為高士。

　　而羅尚不認同，批評他們既不求全民福祉，也不悲憫蒼生，空知獨善其身，氣量狹小，又刻意造作，洗耳潁水，牽牛到上游飲水，顯然仍被名聲所繫縛，根本不是真正將名聲置之度外的人。羅尚也藉此批評當世自掃門前雪的人，他認為家國之所以不幸，正因為有這一大群人，自以為高明、可以明哲保身，其實是識見不明，一旦家國淪喪，他們也將深受其害，畢竟覆巢之下無完卵。

　　至於《尚書‧商書》〈仲虺之誥〉載「成湯放桀于南巢」一事，〔註203〕羅尚認為說「放南巢」是錯誤的，不合名份。名份很重要，名不正則言不順，言不順則氣象薄弱，只有名份正當了，才能言理順適，言理順適才顯現得出威武雄壯的泱泱氣象。夏桀暴虐，成湯伐桀是為了撫慰人民，驅逐獨夫，順天應人，並無不當，而「放」字卻有臣下叛亂，驅逐君王、師出無名的意思，不合名份，更顯不出氣象。應當說「伐」才是，就像周武王伐紂，以仁義之師誅除獨夫。用「伐桀」，才符合名份，才顯得出浩壯的正氣。

　　荊軻刺秦王，太史公特意記載魯句踐的批評：「嗟乎，惜哉！其不講於

<hr />

〔註201〕見《戎庵詩存》次二，頁35。

〔註202〕見皇甫謐：《高士傳》（北京：中華，1985年），頁13～14。

〔註203〕見阮元校勘：《十三經注疏‧尚書正義》（台北：新文豐，1988年7月），頁110。

刺劍之術也。」羅尙少年曾習劍，對劍術略知一、二，故就此諷刺荊軻，〈詠史與藥樓同作〉云：

> 易水驪歌去不還，秦庭威武勢如山。
>
> 圖窮匕現難行刺，身手荊軻亦等閑。〔註204〕

荊軻出發刺秦王前，燕太子丹請來秦舞陽幫助他，他先已看出秦舞陽必定壞事，斥責燕丹說：「往而不返者，豎子也！」既認爲秦舞陽不足以成事，卻不辭退他，又被燕丹一激，就按耐不住性子，倉促成行，自然是更加悲壯慷慨了，聽易水高歌即知，歌云：「風蕭蕭兮易水寒，壯士一去兮不復還！」〔註205〕不復還，不只是說不能安返，更有不能回報的意思。畢竟深入虎狼般的秦國行刺秦王，欲取得信實的約契回報太子，本就不容易，現在又多了秦舞陽，更是難以成功，不能回報燕丹了。果然秦舞陽沒見過面，一到秦廷，感受到威武如山的氣勢，立刻恐懼變色，令秦廷群臣起疑，間接導致刺秦王的失敗。

再者，荊軻竟然不知：如果將匕首藏在圖中，圖窮匕現，就會令秦王驚恐退避，難以行刺。且荊軻雖然「好讀書擊劍」，有謀略，講求「明大義，尙氣節，以天下國家爲己任的大勇」，〔註206〕但既然要行刺，卻不精研刺劍之術，致使功敗垂成，顯然是過於疏略了。羅尙批評他身手等閒，正是就此而論。

羅尙也學太史公的筆法批評吳起，認爲他終究不是宰相的材料，〈新正讀書〉云：

> 擁彗西河霸業開，曾聞千里殺妻來。
>
> 空教死後猶誅亂，吳起終非相國才。〔註207〕

齊國攻魯，魯國本欲請吳起擔任大將，但因他的妻子是齊人而猶豫不決，他爲求功名，於是殺了妻子，以示不與齊國共事的決心，而後擔任大將，大敗

〔註204〕見《戎庵詩存》次廿五，頁723。
〔註205〕荊軻刺秦王，詳見司馬遷著，楊家駱主編：《新校本史記三家注・刺客列傳》，頁2526～2538。
〔註206〕見賴漢屏：《史記評賞》（台北：三民，1998年1月），頁168。賴漢屏從荊軻自道：「事所以不成者，以欲生劫之，必得約契以報太子也。」認爲功敗垂成，不在劍術。並進一步說明荊軻刺秦王的最大悲劇在於：荊軻和太子丹都昧於形勢，幻想把春秋時期人君重然諾的故事搬到戰國末年來重演，不知道就算生擒秦王，寫下契約，承諾還地，又怎能期待詭詐多變的秦國實踐信諾。參見《史記評賞》，頁168～169。
〔註207〕見《戎庵詩存》次三，頁69。

齊軍。後來魏文侯請他擔任西河守，抵抗秦、韓，使魏列名戰國七雄。文侯過世後，先與田文爭相位，隨後自知不如而放棄，田文死後，他被陷害，正好楚悼王請他擔任宰相，他於是前去，任內推行新政，「明法審令，捐不急之官，廢公族疏遠者」，雖使楚國變強，但傷害不少人。「及悼王死，宗室大臣作亂而攻吳起，吳起走之王屍而伏之。擊起之徒因射刺吳起，並中悼王」。太子繼位爲肅王，誅殺這些作亂的人。〔註208〕

羅尚認爲吳起殺妻而求功名，就已顯出他的器量狹小，刻暴無情，難以包容萬物，絕非宰相之才。因爲宰相要能隨順四時而化育萬物，鎮撫四夷，親附百姓，使諸臣各得適任的職位。若以吳起爲求個人功名而殺妻來看，顯然不具備宰相的器量，而他當上楚相後，果然也突現了刻暴少恩的性情，持悼王的信任而改革，雖使楚國強大，卻不設法彌平貴戚因遭受傷害而高升的不滿，縱使赴死，也要用計報復，誅殺這些作亂殺他的人，雖然表面上是忠於國家，但手段未免毒辣，難以安定眾人，果然不適任宰相。

羅尚讀書多有不同於平常的見解，於是作翻案詩，如〈新正讀書〉云：

范滂行事自從容，杜密論人亦至公。

後世漫誇黃叔度，清高尤覺郭林宗。〔註209〕

此詩意在後二句。黃叔度，即黃憲，有令名，卻無任何言論風旨傳聞，曾舉孝廉，又辟公府，友人勸他出仕，他也不拒絕，但只在京師短暫停留即回，沒有出仕。荀淑讚美他如顏子，郭泰稱美他說：「叔度汪汪若千頃陂，澄之不清，淆之不濁不可量也。」《後漢書・黃憲傳》稱：「士君子見之者，靡不服深遠，去玼吝。將以道周性全，無德而稱乎？」〔註210〕評價極高。但正因爲沒有任何言論風旨可供傳聞，僅憑當時人的讚譽，總令人茫然不解，實在難以想像他的風采，更遑論是描摹出清晰的形象，故羅尚稱「漫誇」。

至於郭泰（字林宗）則相反，形象鮮明，全然是儒者的高明清遠，溫雅仁孝。家世貧賤，他母親希望他在縣廷擔任小官，他說：「大丈夫焉能處斗筲之役乎？」後來名震京師，卻選擇終身不仕，喜歡獎拔士類，品評允當徵驗。母親過世，哀慟至歐血發病；黨錮禍起之後，閉門教授，太傅陳蕃、大將軍竇武遭到宦官殺害，哭得極悲慟，說：「人之云亡，邦國殄瘁。」范滂

〔註208〕見司馬遷著，楊家駱主編：《新校本史記三家注・孫子吳起列傳》，頁 2165～2169。
〔註209〕見《戎庵詩存》次三，頁 70。
〔註210〕見范曄撰，楊家駱主編：《新校本後漢書》，頁 1744～1745。

曾讚揚他：「隱不違親，貞不絕俗，天子不得臣，諸侯不得友。」〔註211〕可見他雖然博通典籍，雅望非常，卻不故作姿態，喜好獎拔人才，認爲比他優秀的，如黃憲，更是讚譽有加，對家國也深加關懷，高明淡泊，氣度恢弘。

　　正因爲相較於黃叔度形象的不清晰，郭林宗的形象才令人倍覺鮮明，因此羅尚以爲在漫誇黃叔度聲中，反而更突顯出郭林宗的清高。

　　再如〈看花絕句和韻〉，推崇綠珠的奇才：

　　　　花間躑躅有微哀，涼露凝香墜碧苔。

　　　　想到墜樓酬得罪，殉情人竟是奇才。〔註212〕

此詩脫胎自杜牧〈題桃花夫人廟〉：「楚腰宮裡露桃新，脈脈無言幾度春？至竟息亡緣底事？可憐金谷墜樓人。」〔註213〕息夫人在息國滅亡後，侍奉楚君，雖不言語，仍生二子。〔註214〕而石崇有侍妾綠珠，美而豔，又善吹笛，終於因他而獲罪，在將被逮捕殺害之前，綠珠哭泣說：「當效死於官前。」隨即在他面前跳樓自殺。〔註215〕杜牧用比較法來突顯美色所導致的覆亡，指出息夫人的可悲可憫，但綠珠的剛烈、決絕，卻遠勝他的膽小懦弱，不露諷刺，得風人之旨。〔註216〕

　　此詩雖不如杜牧詩的含蓄蘊藉、意味深刻，但擷取「墜樓酬得罪」一點，則突出了綠珠的聰慧奇特與貞潔，既然石崇願意爲了他得罪當道，不免於

〔註211〕見范曄撰，楊家駱主編：《新校本後漢書·郭泰傳》，頁 2225～2227。

〔註212〕見《戎庵詩存》次二，頁 26。

〔註213〕見杜牧撰，清·馮集梧注：《樊川詩集注》，頁 275。

〔註214〕《左傳》莊公十四年載：楚子滅息，以息媯歸，生二子，未言。楚子問之，對曰：「吾一婦人，而事二夫，縱弗能死，其又奚言？」見楊伯峻撰：《春秋左傳注》（台北：漢京，1987 年 9 月），頁 198～199。

〔註215〕時趙王倫專權，（石）崇甥歐陽建與倫有隙。石崇有妓曰綠珠，美而豔，善吹笛。孫秀使人求之。崇時在金谷別館，方登涼臺，臨清流，婦人侍側。使者以告。崇盡出其婢妾數十人以示之，皆蘊蘭麝，被羅縠，曰：「在所擇。」使者曰：「君侯服御麗則麗矣，然本受命指索綠珠，不識孰是？」崇勃然曰：「綠珠吾所愛，不可得也。」使者曰：「君侯博古通今，察遠照邇，願加三思。」崇曰：「不然。」使者出而又反，崇竟不許。秀怒，乃勸倫誅崇、建。崇、建亦潛知其計，乃與黃門郎潘岳陰勸淮南王允、齊王同以圖倫、秀。秀覺之，遂矯詔收崇及潘岳、歐陽建等。崇正宴於樓上，介士到門。崇謂綠珠曰：「我今爲爾得罪。」綠珠泣曰：「當效死於官前。」因自投于樓下而死。後石崇被殺。見房玄齡等撰，楊家駱主編：《新校本晉書·石苞傳》，頁 1022。

〔註216〕趙翼：《甌北詩話》卷十一云：「以綠珠之死，形息夫人之不死，高下自見；而詞語蘊藉，不顯露譏訕，尤得風人之旨耳。見郭紹虞編選，富壽蓀校點：《清詩話續編》，頁 1326。

死，他也願意一死來酬謝石崇的愛護，當即墜樓自殺，不求苟活。若無奇特的才質，又豈能做得到？故特意稱美他。

再如〈李後主〉，既為李後主辯駁，也諷刺文臣武將的自私無情：

辭廟蒼惶眼淚盈，教坊才奏別離聲。

文臣武將今何在，只覺宮娥尚有情。〔註217〕

李後主〈破陣子〉云：「最是蒼惶辭廟日，教坊猶奏別離歌，垂淚對宮娥。」大多數士人都難以諒解，《東坡志林》批評他：「故當慟哭於九廟之外，謝其民而後行，故乃揮淚對宮娥，聽教坊離曲！」〔註218〕一國之君弄到國破家亡，已夠難堪的了，卻還垂淚對宮娥，自然難逃譏評。不過清‧梁紹壬《兩般秋雨盦隨筆》從填詞法為他辯駁說：「不知以為君之道責後主，則當責之於在位之日，不當責之於亡國之時。若以填詞之法繩後主，則此淚對宮娥揮為有情，對宗社揮為乏味也。」〔註219〕周振甫也指出，李煜出降時，宮城已在宋軍包圍中，宮城內沒有百姓居住、活動，因此只能看見宮娥，只能聽聞教坊所奏的別離歌，〔註220〕所以也只能揮淚對宮娥。

羅尚則緊扣亡國之君剎那的心理感受，為李後主辯駁，當此國亡主危之時，身邊竟無一文臣武將，那些平日奉承、狎暱的人如今何在，竟無人共赴國難？李後主內心的悲憤應如洪濤巨浪翻騰。就在此時，宮娥仍不驚慌逃命，隨侍在側，教坊子弟猶奏起別離歌，聲聲傳來，豈不令人更覺得他們竟是如此真摯有情？人非草木，自然會感動垂淚。此詩不無現實意味，對貪生怕死、變節求榮的人大加訕諷，亦較梁紹壬、周振甫的說法更加深刻。

再如〈上巳偶成〉，推崇王羲之有經邦略：

祓禊風流撥劫灰，永和三日泛尊罍。

羲之大有經邦略，世賞蘭亭世不才。〔註221〕

王羲之的〈蘭亭集序〉闡述人情變化的緣由，抒發人生無常的感慨，情景交融，渾然貼切，令世人讚賞不已。但據《晉史‧王羲之傳》，他為政愛民，見識高遠，甚有政聲，預見殷浩北伐必將失敗，屢屢勸阻，詞甚殷切，遇飢荒

〔註217〕見《戎庵詩存》次八，頁393。

〔註218〕見蘇軾：《東坡志林》（北京：中華，1985年），卷四，頁16。

〔註219〕見清‧梁紹壬《兩般秋雨盦隨筆》（台北：廣文，1986年10月），卷二，〈李後主詞〉，頁6。

〔註220〕見唐圭璋主編：《唐宋詞鑑賞辭典》（台北：新地，1991年4月），〈破陣子〉，頁136。

〔註221〕見《戎庵詩存》次四，頁184。

輒開倉振貸，論時事則深中肯綮，亦頗有經邦致治的方略。〔註222〕然而世人卻只讚賞〈蘭亭集序〉不世出的文采、書法，實在是低估了王羲之的能耐，故羅尚頗為他不平。

綜觀羅尚表現史識的詩作，以豐富的學養、閱歷為基礎，主要建立在期望家國安定、蒼生安樂上，而時有翻案意味。此因身處動亂的時代，故對於安邦定國的謀略、識見，如子貢的縱橫儒術、李世民化敵為友的胸襟、王羲之的經略，都大加讚賞；若識見不足，反勝為敗，如燕惠王罷黜樂毅，改用騎劫，以及楚漢相爭中范增的失策，都大加批判；若有大功而遭領導者遺忘，如淝水戰中的朱序、滎陽之圍中的紀信，羅尚也為他們不平，並藉此諷刺領導者的無情無義。再如對郭林宗、綠珠、李後主詞的評價，也從人情難得、親切有味中提出不同的觀點，令人信服。

〔註222〕見房玄齡等撰，楊家駱主編：《新校本晉書・王羲之傳》，頁2093～2098。